詩詞裏的科學

中學繁體版

江蘇省科學傳播中心　編

南京出版传媒集团
南京出版社

圖書在版編目（CIP）數據

詩詞裏的科學：中學繁體版 / 江蘇省科學傳播中心編. -- 南京：南京出版社, 2022.12

ISBN 978-7-5533-3985-6

Ⅰ. ①詩… Ⅱ. ①江… Ⅲ. ①古典詩歌 – 中國 – 中學 – 教學參考資料 ②科學知識 – 中學 – 教學參考資料 Ⅳ. ①G634.303 ②G634.98

中國版本圖書館CIP數據核字（2022）第227351號

書　　名： 詩詞裏的科學 · 中學繁體版

編　　者： 江蘇省科學傳播中心

出版發行： 南京出版傳媒集團
南 京 出 版 社

社址：南京市太平門街53號　　郵編：210016

網址：http://www.njcbs.cn　　電子信箱：njcbs1988@163.com

聯係電話：025-83283893、83283864（營銷）　025-83112257（編務）

出 版 人： 項曉寧
出 品 人： 盧海鳴
責任編輯： 翟聰睿
版式設計： 石　慧
封面設計： 趙晉鋒
責任印製： 楊福彬

排　　版： 南京新華豐製版有限公司
印　　刷： 南京京新印刷有限公司
開　　本： 787 毫米 × 1092 毫米　1/16
印　　張： 10.25
字　　數： 128千
版　　次： 2022年12月第 1 版
印　　次： 2022年12月第 1 次印刷
書　　號： ISBN 978-7-5533-3985-6
定　　價： 37.00 圓

用微信或京东APP扫码购书

用淘宝APP扫码购书

編委會

前　言

中華文化源遠流長、燦爛輝煌，具有獨一無二的理念、智慧、氣度、神韵，中國古典詩詞是中華文化寶庫中的明珠，千百年來放射着耀眼奪目的光芒，是中國人民思想觀念、風俗習慣、生活方式、情感樣式的集中表達，其獨特豐富的文學藝術、科學技術、人文學術，至今仍然具有深刻影響。她是中華民族生生不息、發展壯大的豐厚滋養。

“遂古之初，誰傳道之？上下未形，何由考之……”這首《天問》，反映出先秦時代詩人屈原對天地自然和歷史的思考。“爐火照天地，紅星亂紫烟。赧郎明月夜，歌曲動寒川。”這是李白的組詩《秋浦歌》中的生動描寫，它表現的是中國古代的煉鐵場景。中國古典詩詞中有大量這樣的内容，反映了人類對科學的探索和追求。正因如此，中國發射的第一個火星探測器被命名爲“天問一號”，第一個宇宙空間站被命名爲“天宫號”，第一顆量子衛星被命名爲“墨子號”……體現出現代科學對優秀傳統文化的傳承與尊崇。

文化是國家和民族的靈魂。文化自信是一個國家、一個民族發展中最基本、最深沉、最持久的力量。向上向善的文化是一個國家、一個民族休戚與共、血脉相連的重要紐帶。我們要把中華優秀傳統文化全方位融入思想道德教育、文化知識教育、藝術體育教育、社會實踐教育各環節，貫穿于啓蒙教育、基礎教育、職業教育、高等教育、繼續教育各領域。

青少年“詩詞裏的科學”挑戰賽活動，是從浩瀚的古詩詞中發掘科學内涵，引導青少年將優美的古詩詞與其背後藴含的豐富科學知識相結合，賞詩詞之美，品科學之道，將科學與文學相融合，演繹科普版的“詩詞大會”，在傳承弘揚中華優秀傳統文化的同時，培育新時代中國青少年的人文情懷與科學素養。

《天問》中提出“圜則九重，孰營度之？惟兹何功，孰初作之”，這段話的意思爲“天的體制傳爲九重，有誰曾去環繞量度？這是多麽大的工程，是誰開始把它建築？”中國古代先賢們的疑問，讓我們不斷用科學的探索去解答吧。

目　録

1

吃蝗蟲，度饑荒？

導讀

水災、旱災、蝗災是我國歷史上常見的三大自然災害，其中，蝗災往往隨着旱災而來，危害巨大。數以萬計的蝗蟲像烏雲蔽日一樣席捲而來，咀嚼、吞咽着所到之處的一切作物，赤地千里，寸草不留。在中國歷史上，蝗災出現的頻率非常之高。據《中國救荒史》統計：秦漢時期蝗災平均8.8年一次，兩宋時期爲3.5年，元代爲1.6年，明、清兩代均爲2.8年，百姓深受其害。

糧食與生命是緊密聯係的，在生産力水平不高的古代，蝗災常常引發嚴重的饑荒。糧食顆粒無收，百姓餓殍遍野，比如北魏時山東地區就由於蝗災而出現了“苗稼總盡，人至相食”的人間慘劇。人在飢餓的時候甚至啃樹皮、吃草葉，蝗災發生時，古人爲何不通過吃蝗蟲來度過饑荒呢？這與蝗蟲本身的特性相關。

蝗蟲是一種能够遠距離遷飛的暴食性昆蟲，蝗蟲群衹需一兩天的功夫，就可以吃掉一個地區一年的糧食。蝗蟲的飛行能力也極强，一天移動的距離可達100公里，高度可達海拔2 000米。所以蝗災發生時，往往在很短的時間内，蝗蟲群就吃光了一個地方的所有莊稼，然後蜂擁飛往另一個地區。就算古人想以蝗蟲爲食物，匆忙間捕捉的蝗蟲，對於後續無糧可吃的漫長日子來説，衹是杯水車薪。

另外，還有一個思想上的原因導致古人不願意食用蝗蟲。在中國封建社會前期，人們對蝗災的出現缺乏科學的認識，認爲蝗災是上天給予的懲罰，地上的皇帝有過錯，上天通過降災的方式來警告，而蝗蟲則是神蟲，人們不能擅自清除。因此，當蝗災出現時，古人衹會采用一些被動的方式去應對，如：皇帝下“罪己詔”、建蝗神廟、發動官民祭祀祈禱等。“於田旁焚香膜拜，設祭而不敢殺”，百姓們連動手捕殺蝗蟲都不敢，更別説以蝗蟲爲食。

陸游在《仲秋書事（其六）》中就記録了百姓通過符籙的方式祈求躲避蝗災的場景。

仲秋書事（其六）

【宋】陸游

書生習氣盡驅除，酒興詩情亦已無。
底怪今朝親筆硯，村鄉來請闢蝗符。

“請闢蝗符”是民衆在飛蝗到來時的一種迷信舉動，希望通過符籙來避免蝗蟲對莊稼的糟蹋。

這些祈禱祭祀的手法當然毫無效果。隨着蝗災的頻發，一些有識之士漸漸從巫術神力的幻想之中清醒過來，開始科學地認識蝗蟲這種生物，將精力放到滅蝗上來。在長期的歷史發展過程中，他們逐漸摸索創造出了許多滅蝗的經驗和手段。明代著名的科學家、政治家徐光啓就是杰出的代表，他精心研究整理了《治蝗疏》，有效地指導了民衆滅蝗，挽救了很多挨餓的百姓。

考一考

陸游詩云：“去年久旱綿千里，犁不入土蝗蟲稠。”常與我國北方蝗災相關聯的另一種災害是什麼?

2

催眠的雨聲

導讀

很多人可能都有這樣的感覺，在下雨天睡覺特别舒服。閉上雙眼，躺在温暖的被窩，耳邊聽着窗外滴滴答答的雨聲，仿佛大自然在爲你演奏着温和舒緩的安眠曲，讓你自然而然地進入夢鄉，做一個甜甜的美夢。爲什麽雨聲可以讓人睡得更香呢?

雨聲其實屬於白噪聲。白噪聲是指功率譜密度在整個頻域内均匀分布的，所有頻率具有相同能量密度的隨機噪聲。换句話説，白噪聲在各個頻段上的功率是一樣的。從我們人類耳朵的頻率響應聽起來，它是非常明亮的“嘶”聲。與之相對，其他不具有這一性質的噪聲被稱爲有色噪聲。理想的白噪聲具有無限帶寬，因而其能量是無限大，這在現實世界是不可能存在的。但是大自然中森林裏蟲兒鳴叫的聲音、微風吹過樹葉的聲音、枝頭鳥兒吟唱的聲音、海浪拍打岩石的聲音，還有雨滴落在屋檐窗户的聲音等，都是最接近白噪聲的存在。“蟬噪林逾静，鳥鳴山更幽”，智慧的古人雖然不知道何爲白噪聲，但也隱隱有了這方面的發現和感悟。

白噪聲雖然也稱爲噪聲，但它與我們平常理解的噪聲并不相同。它不像通常的噪聲那樣嘈雜刺耳、惹人煩躁，讓人難以集中注意力。相反，白噪聲充滿整個人類耳朵可以聽到的振動頻率，分布均匀，比較“悦耳動聽”。在白噪聲環境中，人們往往能舒緩情緒、放鬆心情，有助於睡眠。特別是對於一些睡眠比較淺，容易被外界聲音干擾驚醒的人來説，穩定、平和的白噪聲會産生一種屏蔽效應，屏蔽了周邊環境裏很多細小的、輕微的聲音變化，讓人在睡眠中不會受到干擾，從而使得睡眠質量更好。

唐代詩人修睦用詩記録了他在秋季雨天睡醒後神清氣爽的感覺。

睡起作

【唐】修睦

長空秋雨歇，睡起覺精神。
看水看山坐，無名無利身。
偈吟諸祖意，茶碾去年春。
此外誰相識，孤雲到砌頻。

考一考

“蟬噪林逾静，鳥鳴山更幽”，在日常生活中，哪些聲音類似於白噪聲呢？

3

神奇的五星連珠

導讀

五星連珠是極爲罕見的天文現象，古人把五星連珠當作祥瑞的象徵。1995年10月，學術考察隊在新疆和田地區一處古墓中發現了一張漢代織錦護臂，上面綉着“五星出東方利中國”八個篆體漢字。該織錦被譽爲20世紀中國考古學最偉大的發現之一，現作爲國家一級文物、中國首批禁止出國（境）展覽文物，收藏於新疆博物館。

根據古籍記載，在五星連珠之時，歷史上常常有大事件發生。《漢書·高帝紀》有言：“元年冬十月，五星聚於東井，沛公至霸上。”其他文獻中也有記録：“漢之興，五星聚於東井。”古人認爲這次五星連珠預示着王朝更迭，秦滅漢興。漢武帝出擊匈奴之時，也出現了五星連珠現象，被認爲是順應天意，得到上天的支持。五星連珠到底是怎麽回事呢？它真的有這麽神奇嗎？

“一月明白璧，五星燦連珠。”五星連珠，又稱“五星聚”，我國古代用它來表示水、金、火、木、土五行星同時出現在天空同一方，看上去連成一條綫的現象。這種現象不常發生，所以古人唯心地認爲它是祥瑞之兆，比如唐高祖李淵就曾在詩作中稱“五星連珠”是皇帝聖德昭彰、符合天意的象徵。

爲秦王制詩

【唐】李淵

聖德合天地，五宿連珠見。

和風拂世民，上下同歡宴。

爲何會出現“五星連珠”呢？在太陽系内，水星、金星、火星、木星、土星五顆行星都在自己的軌道上以確定的周期繞太陽公轉，它們的軌道平面幾乎都與地球的軌道平面重合（僅水星軌道與地球軌道交角稍大，但也僅爲7°），軌道的形狀大致是圓形，運行方嚮都與地球環繞太陽的方嚮相同。從地球上看去，它們都在黄道帶（天文學名詞，是指天球上黄道南北兩邊各8°寬的環形區域）上運行，時遠時近，時東時西，時聚時散。當五顆星匯聚到一定的範圍内時，人在地面上用肉眼觀察，它們好像處在一條直綫上，這就是所謂的“五星連珠”。

“五星連珠”并不是真的像糖葫蘆似的串成一條直綫。事實上，這五顆行星在空間上形成一條真正的直綫幾乎不可能，衹是它們分散在較小偏差的範圍内，人們用視覺去觀察，它們似乎在一條直綫上。

五大行星匯聚到什麽程度纔算是“連珠”呢？天文學上并没有明確的界定。不過可以肯定的是，五星匯聚得越近，這一天象發生的頻次就越低，或者説發生的間隔時間就越長。如果限定五星最大分離角度不超過23°，那麽每千年平均會發生26次，也就是説，大約每40年可能發生一次。

總之，“五星連珠”是一種特殊的天文現象，看似罕見，背後的科學道理却并不複雜。古人主觀地把“五星連珠”當作祥瑞的象徵，認爲“五星出東方利中國”，意味着王朝更迭等，其實并没有科學的依據。

當然，古人中也不乏具備科學素養的大智慧者認識到了這一點，清朝皇帝康熙就曾點評“五星連珠”：

> 五星行於天，度數不同，遲速各异，何由聚於一宿。雖史册書之，考之天文，斷之以理，終不可信。

康熙認爲“五星連珠”純粹是天體運行的客觀規律，不能和人間吉凶的事扯到一塊，要以客觀的道理去判斷事物，不能盲目相信。他的觀點非常符合現代科學的理念。

考一考

除了“五星連珠”外，你還知道哪些罕見的天文現象？

4

杜甫的珍珠去哪了?

導讀

詩人杜甫遇到了一件糟心事：有好朋友從南方回來，給他帶了一顆珍珠作爲禮物。珍珠可是價值不菲的寶貝，詩人非常喜歡，於是把它放在竹箱裏珍藏。可過了一段時間，詩人想把珍珠拿出來時，奇怪的事情發生了，珍珠不見了！竹箱裏衹剩下一攤紅色的液體，這讓詩人懊惱不已。他百思不得其解："我的珍珠去哪了呢？"

珍珠是一種古老的寶石，主要產生於珍珠貝類和珠母貝類軟體動物體内。珍珠的主要化學成分是碳酸鈣及少量碳酸鎂，共占91%左右，還有鐵、磷、銅、鈷、銀、鋅、鎂、鉬、鎳和鈉等多種微量元素，含水量在0.6%~0.8%。

在自然環境下碳酸鈣不溶於水，但是在酸性條件下碳酸鈣能轉變爲可溶於水的酸式鹽。

古人没有鋼筋混凝土這樣的建築材料，也没有現代那麼豐富的除濕防潮措施，并不富裕的詩人杜甫，當時住的是茅草搭建的房子。"床頭屋漏無乾處，雨脚如麻未斷絶。"從詩人另一首詩《茅屋爲秋風所破歌》中可以瞭解，他的茅草屋漏雨而且潮濕。所以，放在竹箱中的珍珠長時間和雨水以及空氣中的二氧化碳接觸，逐漸發生了化學反應，生成了可溶於水的碳酸氫鈣。這個反應的化學方程式爲：

$$CaCO_3+CO_2+H_2O=Ca(HCO_3)_2$$

再加上遇到一些其他帶顏色的物質，最後珍珠就變成了詩人打開竹箱所看到的一攤紅色液體。

下面這首《客從》詳細表述了珍珠失踪的過程。如果詩人掌握一定的化學知識，應該就不會再疑惑不解了。

客　從

【唐】杜甫

客從南溟來，遺我泉客珠。
珠中有隱字，欲辨不成書。
緘之篋笥久，以俟公家須。
開視化爲血，哀今徵斂無。

考一考

如果對杜甫的珍珠所化成的液體（碳酸氫鈣溶液）進行加熱，會發生怎樣的化學變化？

5 追求長生的煉丹術

導讀

"仙苑此時收百藥，煉丹飛石保長生。"長生不老對於古代君王來説有着莫大的吸引力，不少雄才偉略、英明神武的千古一帝也都沉迷其中。

一開始，皇帝們四處派人尋仙，希望找到傳説中的神仙獲取長生藥。典型的代表就是秦始皇，他統一六國後，爲了永享帝位，派人到處尋求不死仙丹，"遣徐福率童男女數千人入海求仙人"，最後仙丹沒找到，倒是留下一個徐福東渡日本的傳説。

求仙不如求己，找不到神仙賜藥，皇帝們就開始另闢蹊徑，讓一些奇人异士動手爲自己煉製仙丹。文韜武略的漢武帝劉徹，在皇宫蓄養了一批方士煉製丹藥；開創大唐盛世的唐太宗李世民甚至在印度抓和尚來爲他煉丹。皇帝們如此熱衷於煉製長生藥，上行下效，爲其所好，煉丹術在古代可謂是長盛不衰。

煉丹術是古人爲追求"長生"而煉製丹藥的方術。丹即指丹砂（主要成分硫化汞HgS），是古代方士們最常用的煉藥原料。爲何選它作爲材料呢？這與丹砂的性質有關。一方面丹砂是紅色的，與血液的顔色相同，古人認爲它是血氣所化，代表着生命的不朽與永恒。另一方面，紅色的丹砂加熱後可變出硫和白色的水銀，水銀和硫混合在一起又可變回紅色的丹砂結晶，如此循環往復，完美地體現了“道”的永存。所以古代煉丹大師李少君等人視丹砂爲“萬靈之主，造化之根，神明之府”。世稱“小仙翁”的葛洪也在《抱樸子·金丹篇》中説：“凡草木燒之即燼，而丹砂燒之成水銀，積變又還成丹砂，其去凡草木亦遠矣，故能令人長生。”就這樣，丹砂率先成了煉製“仙藥”的主角，并且給“煉丹術”冠了名。

丹砂被方士們説得神乎其神，皇帝們深信不疑，樂此不疲地服用“仙藥”。可這藥真的有讓人長壽的效果嗎？其實不然，丹砂具有毒性，它的主要成分是硫化汞，短期少量服用丹砂確實能起到一些鎮静、安神、明目的功效，但若大量服用或者長期服用，就會導致人體汞中毒。更别提方士們還常在煉製過程“别出心裁”地加入一些鉛、硫、銅、金等物質，對人體造成更大危害。這些方士們精心打造的“仙藥”，不僅没法讓皇帝們長生，反而大多都變成了“催命藥”。

《舊唐書·憲宗本紀》記載：“文皇帝服胡僧長生藥，遂致暴疾不救。”一代明君唐太宗李世民就是因爲長期服用有毒丹藥，身體越來越差，最終不治而亡。

在大和八年（834），63歲的白居易也創作了一首《思舊》詩，其中提到了他的兩位摯友都先他而去，且都是服用丹藥後的非正常死亡。

思　舊

【唐】白居易

閑日一思舊，舊游如目前。
再思今何在，零落歸下泉。
退之服硫黄，一病訖不痊。
微之煉秋石，未老身溘然。
杜子得丹訣，終日斷腥膻。

崔君誇藥力，經冬不衣綿。
或疾或暴夭，悉不過中年。
唯予不服食，老命反遲延。
況在少壯時，亦爲嗜欲牽。
但耽葷與血，不識汞與鉛。
飢來呑熱物，渴來飲寒泉。
詩役五藏神，酒汩三丹田。
隨日合破壞，至今粗完全。
齒牙未缺落，肢體尚輕便。
已開第七秩，飽食仍安眠。
且進杯中物，其余皆付天。

“杜子得丹訣，終日斷腥膻。崔君誇藥力，經冬不衣綿。或疾或暴夭，悉不過中年。唯予不服食，老命反遲延。”詩人的兩位好友得到丹訣，煉丹服藥，結果均英年早逝，而詩人不吃藥，反倒得以長壽。

不過，雖然煉丹術不可能讓人長生，但它的發展也還是帶來了一些好處。火藥的發明，就是在煉丹過程中的一個重大創舉。同時，煉丹方士們在長期的煉丹活動中，認識了很多物質的特性，積纍了不少有關藥物、冶金、化學方面的知識，對於古代醫學和化學的發展有着不小的貢獻。比如煉丹大師葛洪所著的中醫方劑著作《肘後備急方》，可以説是中國第一部臨床急救手册。

考一考

白居易在《思舊》一詩中寫道：“但耽葷與血，不識汞與鉛。”如果人服用過量的汞和鉛，會怎麽樣?

6

人生不見如參商

導讀

我們或許都曾有過這樣的經歷：和知心的友人久别重逢、把酒言歡、悠哉樂哉，時間飛逝都恍然不覺。在分離時依依惜别，心中不禁感慨，不知何時纔能再次相見。

三國著名的才子曹植對此情此景有着非常生動的描述，他在《與吴季重書》寫道："面有逸景之速，别有參商之闊。"見面相處的美好時光像快馬的速度一樣飛逝，而分别後却像參和商兩個星宿一樣再難重逢。詩人爲什麽用參和商來比喻難以相見呢？

參（shēn）和商都屬於大名鼎鼎的二十八星宿，是古人對星宿的稱呼。二十八星宿的劃分是中國古代天文學家的重要成果。古人根據日月星辰的運行軌迹和位置，選擇黄道赤道附近的二十八組星象爲坐標，以此作爲觀測天象的參照物。因爲它們環列在日、月、五星的四方，很像日、月、五星栖宿的場所，所以稱作"宿"。二十八宿分爲東南西北四方，即爲"四象"：東方蒼龍，南方朱雀，西方白虎，北方玄武。四方各七宿，一宿通常包含一顆或者多顆恒星。

東方蒼龍七宿（角、亢、氐、房、心、尾、箕）；
北方玄武七宿（鬥、牛、女、虚、危、室、壁）；

西方白虎七宿（奎、婁、胃、昴、畢、觜、參）；
南方朱雀七宿（井、鬼、柳、星、張、翼、軫）。

“參”指西方白虎七宿中的參宿，“商”指東方蒼龍七宿中的心宿，是心宿的別稱。參宿在西，心宿在東，二者在星空中各據一方，一方升起，一方落下，此出彼沒，彼出此沒，因此常被用來形容人分離不得相見。

詩人杜甫也曾在與好友久別重逢時，用“人生不相見，動如參與商”來感慨相見的不易與難得。

贈衛八處士

【唐】杜甫

人生不相見，動如參與商。
今夕復何夕，共此燈燭光。
少壯能幾時，鬢髮各已蒼。
訪舊半爲鬼，驚呼熱中腸。
焉知二十載，重上君子堂。
昔別君未婚，兒女忽成行。
怡然敬父執，問我來何方。
問答乃未已，兒女羅酒漿。
夜雨翦春韭，新炊間黄粱。
主稱會面難，一舉累十觴。
十觴亦不醉，感子故意長。
明日隔山岳，世事兩茫茫。

有趣的是，西方文化對於參商不相見的現象也有着巧妙的化用。

參宿對應西方天文學中的獵户座，商宿對應天蝎座。希臘神話中獵户奥瑞恩（獵户座）被蝎子（天蝎座）蜇死，因而兩星座永不相見，每當天蝎座升起，獵户座就落入地平綫。

考一考

杜甫在《贈衛八處士》中寫道："人生不相見，動如參與商。""參""商"兩個星宿具有怎樣的特點？還有哪些形容人們天各一方、難以相見的詩詞？

7

天下第一潮

導讀

錢塘江是浙江省最大的河流，因流經古錢塘縣（今杭州）而得名。它最終流入東海。在入海口的海潮即爲聞名遐邇的錢塘潮。錢塘江大潮被稱爲"天下第一潮"，具有潮高、多變、凶猛、驚險的特點。海潮到來前，遠處先呈現出一個細小的白點，轉眼間變成一縷銀綫，伴隨着陣陣悶雷般的潮聲，白綫翻滚而至。汹涌澎湃的潮水呼嘯而來，後浪趕前浪，一層叠一層，挾有排山倒海之勢，極爲雄偉壯觀。如此氣勢磅礴的錢塘江大潮，它是怎麼形成的呢?

錢塘江大潮的"潮"實際上指的就是海洋潮汐。海洋潮汐是海水在天體引潮力的作用下産生的周期波動現象，表現爲垂直方嚮的潮位升降和水平方嚮的潮流進退。我們通常把發生在白天的海水漲落稱爲"潮"，發生在夜間的稱爲"汐"。因爲天體相對於地球的運動具有周期性，所以潮汐最顯著的特點就是具有明顯的規律性，這也是爲什麼錢塘江大潮具有固定的最佳觀潮時間。

除了潮汐的作用，錢塘江還有得天獨厚的地理條件，否則也很難形成壯觀的"天下第一潮"。錢塘江口具有喇叭口狀的特殊地形，河道在臨近出海口的位置急劇變窄抬高，從而導致河床的容量突然縮小，大量潮水被迫涌入狹淺的河道。潮頭行進受到阻礙變緩，而後面的潮水又急速推進，迫使潮頭陡立，發出轟鳴聲響，最終呈現出驚險而壯觀的陣勢。與此同時，江口有巨大的攔門沙坎，潮水涌進後遇到强大阻力，潮頭衹能順勢上漲。前浪遭遏，後浪又上，波推波，浪迭浪，潮水呼嘯奔騰，排山倒海般洶涌而來，蔚爲壯觀的錢塘江大潮也就呈現在我們眼前。

古代許多著名的詩人都曾特意來錢塘江觀潮，蘇軾就曾在詩中盛贊錢塘江潮“壯觀天下無”。

催試官考較戲作（節選）

【宋】蘇軾

八月十八潮，壯觀天下無。
鯤鵬水擊三千里，組練長驅十萬夫。
紅旗青蓋互明滅，黑沙白浪相吞屠。
人生會合古難必，此景此行那兩得。
願君聞此添蠟燭，門外白袍如立鵠。

考一考

白居易在《潮》中描寫了潮起潮落的場景：“早潮纔落晚潮來，一月周流六十回。”這種潮水周期性漲落的現象被稱爲潮汐現象，潮汐現象的出現與哪種因素有關?

8

飄蕩的“鬼火”

導讀

宋代詩人陸游在《老學庵筆記》卷四中記載了一段他年少時的怪异遭遇：“予年十餘歲時，見郊野間鬼火至多，麥苗稻穗之杪往往出火，色正青，俄復不見。”詩人深夜路過郊野的麥地，突然看到一團團青幽幽的“鬼火”飄在眼前，跳躍不定，過了一會又消失不見。詩人遇到的“鬼火”是什麼呢？在古代，人們常在墳地、戰場、亂葬崗等死人的地方，發現這種忽隱忽現的火焰，人們不瞭解它的成因，把它當作不祥之兆，認爲這是“鬼”在夜間出門時用火照路，是鬼魂作祟的現象。現代的我們當然不會相信這種迷信的解釋，那麼“鬼火”究竟是什麼？

“鬼火”實際上是磷火，屬於一種自然現象。人體内部，絶大部分由碳、氫、氧三種元素組成，但也含有如磷、硫、鐵等一些其他元素。比如人體的骨骼裏就含有較多的磷酸鈣，人死後，軀體埋在地下腐爛分解，發生各種化學反應，會生成一些磷的氫化物。

生成磷的氫化物主要有膦（PH_3）和聯膦（P_2H_4），它們混合在一起，非常容易在空氣中發生自燃現象，發出淡藍色或者淺緑色的光芒，燃燒後生成白色的五氧化二磷。

所以産生“鬼火”的過程就是：人或動物尸體分解後産生少量的

聯膦以及較多的膦等易燃氣體，當氣温較高時，這些氣體在空氣中發生自燃。

鬼火多出現在夏天，是因爲夏天氣温較高。有時候還會看到鬼火追着人跑，這是空氣流動的原因。夜晚風比較小，空氣相對静止，人一走動，會帶動空氣流動，磷火也就隨着一起飄動，看起來好像是鬼魂追人，其實背後的原理非常簡單。

在古代，一些具備科學思維、善於分析的人，也發現了鬼火的真實原因。詩人陸游就是其中一位，他在看到鬼火現象後，没有迷信那些鬼魂傳説，他在《老學庵筆記》卷四裏寫道："蓋是時去兵亂未久，所謂人血爲磷者，信不妄也。"

清代紀昀《閲微草堂筆記》第九卷裏也直接闡明："磷爲鬼火。"

明末清初"三大儒"之一的顧炎武在下面這首記述南明將領堅守城池，抗擊清兵的《秋山（其二）》詩中，直接用磷火代指鬼火。

秋　山（其二）（節選）

【清】顧炎武

秋山復秋水，秋花紅未已。
烈風吹山岡，磷火來城市。
天狗下巫門，白虹屬軍壘。
可憐壯哉縣，一旦生荆杞。

不過，隨着社會的發展，火葬取代了過去的土葬，現在鬼火現象已經變得越來越少見了。

考一考

鬼火的產生與人或動物體内含有的哪種元素有關？你還知道哪些用科學知識來破除封建迷信的事例？

9

美麗的雙彩虹

導讀

“赤橙黄緑青藍紫，誰持彩練當空舞？”彩虹是一種絢麗多彩的大氣光學現象，常出現在夏日的雨後。彩虹的種類很多，有時我們可以看到一種由兩條彩虹疊加起來的雙彩虹，特别美麗夢幻。雙彩虹中内側的是主虹，外側較暗的是副虹，又叫霓。霓與主虹形成的原因相似，色彩順序卻截然不同。

彩虹是陽光與小水滴的杰作。陽光中包含紅、橙、黄、緑、藍、靛、紫等各種單色光，當照射到水滴上時會發生光的折射現象。不同單色光的折射率不同，紅光的折射率最小，紫光的折射率最大；發生折射後的偏轉角度也不同，所以經過折射後，陽光中匯聚在一起的各種單色光就會分離開來。

各單色光在小水滴内繼續傳播，到達水滴的另一界面時，會按照反射規律發生反射；反射後的單色光繼續前進，再次來到水滴的界面，發生了第二次折射，然後射出水滴，回到空氣中，前後一共經歷了一次反射、兩次折射。當空氣中的小水滴數量很多時，陽光通過這些小水滴，經過反射和折射作用，射出來的各種單色光集中在一起，就形成了我們常見的美麗彩虹，由外到内的顔色依次爲紅、橙、黄、緑、藍、靛、紫。

而雙彩虹中出現的第二道彩虹——霓虹，它的形成過程與上面所説的略有不同，是陽光經由水滴内兩次反射和兩次折射産生的。兩次反射的結果，使得霓虹的色彩排列和常見彩虹相反，紫色在外而紅色在内。同時因爲兩次反射使得更多的光綫逃逸掉，散布的區域也更爲寬廣，所以霓虹比主彩虹看上去要暗一些。

古代的詩人非常喜歡彩虹這種美景，唐代張九齡就用詩記録了他在觀賞瀑布時所看到的絢麗虹霓。

湖口望廬山瀑布水

【唐】張九齡

萬丈紅泉落，迢迢半紫氛。
奔流下雜樹，灑落出重雲。
日照虹霓似，天清風雨聞。
靈山多秀色，空水共氤氲。

考一考

與單獨的彩虹相比，直徑大小不同、形如同心圓的雙彩虹更加美麗夢幻。雙彩虹的内層彩虹爲主虹，外層彩虹爲副虹。主虹和副虹色彩排列的順序分别是怎樣的呢？

10

烟花五彩繽紛的奧秘

導讀

近年來，有一種叫作“冷烟花”的新晋“網紅”產品悄然興起，因其“安全性”而備受人們追捧。冷烟花，又稱冷焰火，屬於烟花爆竹的一種，市面上的“電子烟火”“仙女棒”都屬於它的範疇。和傳統烟花不同，冷烟花在燃放時，具有火花噴出後温度迅速降低、烟霧少的特性，常被應用於婚禮慶典、大型焰火晚會。

不過，冷烟花噴射口處的温度高達700℃～800℃，如燃放不當，足以灼傷人體、引燃物品，其基本屬性依然屬於易燃易爆危險品，存在安全隱患。所以，傳統烟花燃放的普遍安全措施，對於冷烟花的燃放也一樣適用。2021年2月14日，應急管理部發布《國務院安委辦、應急管理部節日期間組織對重點領域重點企業開展精準安全執法檢查和指導服務》，其中就明確了冷烟花納入烟花爆竹管理的要求，對非法網售集中清理整治。

不管是“網紅”烟花還是傳統烟花，人們生産烟花的目的衹有一個，那就是欣賞它們五彩繽紛的光芒。

烟花古來有之，比如宋代詞人辛棄疾的《青玉案·元夕》中就有着關於焰火的描寫。

青玉案·元夕

【宋】辛棄疾

東風夜放花千樹。更吹落，星如雨。寶馬雕車香滿路。鳳簫聲動，玉壺光轉，一夜魚龍舞。

蛾兒雪柳黄金縷，笑語盈盈暗香去。衆裏尋他千百度，驀然回首，那人却在，燈火闌珊處。

“東風夜放花千樹。更吹落，星如雨。”像是東風吹開了元宵夜的火樹銀花，吹得一簇簇烟花飛向天空，漫天綻放，如同落下來的星雨一般。烟花的美景讓辛棄疾大飽眼福。不過，他不見得會知道烟花發光而且顏色多樣的科學原因。

其實，烟花在夜空中呈現多種顏色，主要是利用了焰色反應的特性。所謂焰色反應，是指某些金屬或其化合物在灼燒時，火焰會呈現特殊顏色的反應。

在烟花生產製作過程中，人們會往烟花裏加入由發光劑和發色劑組成的光珠。光珠中的發光劑通常是金屬鋁或金屬鎂的粉末，它們能够使烟花在燃燒時放出白熾的强光；發色劑則是硫酸銅、硝酸銀、硝酸鋇等金屬化合物，這些金屬鹽類能够在烟花燃燒時發生反應，産生多種顏色，并且在發光劑强光的映襯下顯得光彩奪目。

不同金屬會産生不同焰色，主要與其原子結構有關。我們知道，原子由原子核和核外電子構成。金屬在燃燒時，電子受熱會吸收能量，從而具有擺脱原子核的趨勢，而原子核會對電子進行束縛以保持原子的穩定性，這也就使得未擺脱的電子必須以發光的形式消耗能量。不同金屬的原子結構不同，造成電子丢掉的能量不同，進而使發出光的波長不同，顏色也就不同了。

考一考

請例舉幾個金屬或其化合物在火焰灼燒時會産生的顏色。

11

茉莉：人間第一香

導讀

“好一朵美麗的茉莉花，好一朵美麗的茉莉花，芬芳美麗滿枝椏，又香又白人人誇！讓我來將你摘下，送給別人家，茉莉花呀茉莉花！”當這首耳熟能詳的民歌響起，茉莉高雅、純潔、迷人、清芬的形象就會躍然浮現在人的腦海中。

茉莉，屬木樨科，這種高可達3米的灌木有紙質的葉子和一個個頂生的聚傘花序，有的單獨一朵花，有的四五朵擠在一起，其香味濃而不膩，是著名的花茶、精油原料及重要的香料。

生活中有不少人特別喜愛茉莉花，但很少人會注意到，茉莉其實是舶來客。

在華南地區和長江流域，茉莉是一種常見的盆栽植物。在部分城市，它還是重要的經濟作物，花和葉可入藥，亦可治目赤腫痛，并有止咳化痰之效。茉莉原產印度，西晉的《南方草木狀》中提到：“末利花皆胡人自西國移植至南海（今廣東南海一帶）。南人憐其芳香，競植之。”其中的“末利花”，可能來源於梵文malika，後來慢慢演變爲了“茉莉”。基於歷史記録，部分學者認爲茉莉花是公元前2世紀，中國華南地區與印度、西亞地區海上交通繁榮的例證，也是海路帶來的“西洋之物”。茉莉進入我國南方後，其栽培區隨着南北商貿交流逐漸向北拓展，但因其不甚耐寒，因此北上速度較慢。直到唐朝，茉莉在我國的栽培範圍還局限在華南區域。

茉莉栽培的商業化始於唐宋時期，福建一帶的人們將盆栽茉莉賣去江浙。隨着茉莉的商業化發展，人們的經濟收益和栽培的技術水平逐漸提高，這也是泉州一帶後來成爲中國重要的茉莉花和茉莉花茶產區的原因之一。此後，茉莉逐步傳入我國的中部、北部和西部地區。

到了宋代，發達的工商業和整個社會經濟的增長使普通市民開始對生活品質有了追求，花卉業似乎也成了熱門生意，不但開始出現專業的花農，還出現了針對性的育種，不少著名的中國園藝品種在此時開始成型、成系列。在此大背景下，茉莉“絶香而純白”的特質深受當時大衆的青睞。宋代詩人江奎在《茉莉花（其一）》中是這樣寫的：

茉莉花（其一）

【宋】江奎

靈種傳聞出越裳，何人提挈上蠻航。
他年我若修花史，列作人間第一香。

“他年我若修花史，列作人間第一香。”可見茉莉在作者心目中有着很高的地位，甚至有着百花“第一香”這樣的贊美。在宋代，人們還常常將茉莉作爲一種裝飾打扮。宋朝的女子愛美，有簪花的習俗。江南一帶的婦女，上至白髮老太太，下至二八少女，在六月茉莉盛開時都喜歡將茉莉花戴在頭上。明朝時期，茉莉花茶的窨製工藝已日趨成熟。在明朝海禁之前，茉莉花茶也是泉州港口的海運貨物之一。到了清朝，茉莉花茶已大量出口至歐洲。晚清更是茉莉花茶的一個盛期，北京有諸多專營茉莉花茶的大茶莊出現，其中的精品茶作爲“貢茶”被送進了皇宫。現在，泉州港一帶仍然有大量的茉莉花田，盛產茉莉花茶并遠銷海外。

考一考

請問茉莉花有哪些種類？它們的學名和特徵是什麽？

12

蓮花：君子之花

導讀

蓮花被譽爲高潔的“君子之花”，它生長於污泥，卻不染、不妖、不蔓、不枝、香遠益清，深受古人的推崇。無數文人墨客在筆下表達了對它的喜愛，把它當作高貴品行的象徵，其中最膾炙人口的要數北宋周敦頤所寫的《愛蓮説》：“出淤泥而不染，濯清漣而不妖。”那麼問題來了，蓮既然是從水中淤泥裏長出來的，它是怎麼做到不沾有污泥濁水的呢？

蓮的葉子表面有一層蠟質。當蓮的葉芽、花芽從水的污泥中生長出來的時候，這些蠟質就會像保護膜一樣阻止水中大量泥土的玷污。葉芽、花芽即便沾染了少量污泥，也會在挺出水面前因爲水波作用而被清洗得乾乾净净。

蓮長出水面後，在風吹日曬的自然條件下依然能够保持光潔亮麗，這是因爲荷葉葉面上存在着非常複雜的多重納米和微米級的超微結構，這種結構使荷葉具有疏水性。利用掃描電子顯微鏡觀察可以發現，荷葉表面生長着許多微小的乳突，像“小山包”似的，大小約爲10微米。10微米是什麼概念呢？人的頭髮絲的直徑大概在40到50微米之間，所以每個乳突祇有人頭髮絲粗細的1/4～1/3。乳突的平均間距爲12微米，每個乳突又由許多直徑爲200納米左右的突起組成。

如果把每個乳突看成一個“山包”，乳突與乳突之間的凹陷部分就會形成“山谷”。“山谷”中充滿了空氣，這樣葉面上就形成了一層極薄、達到納米級厚度的空氣層。當尺寸遠大於這種結構的灰塵、雨水等降落在葉面上時，由於空氣層的存在，它們衹能與葉面上“山包”的凸起點接觸到。這種情況下，雨水由於表面張力的作用會凝聚成一個個球狀水珠，繼而從荷葉上滚落，同時把荷葉表面的淤泥灰塵等也一起帶走，達到自我潔净的效果。

詩人孟浩然對蓮花高潔的特性非常喜愛，在下面這首《題義公禪房》中，用它來形容一位高僧的品行。

題義公禪房

【唐】孟浩然

義公習禪寂，結宇依空林。
户外一峰秀，階前衆壑深。
夕陽連雨足，空翠落庭陰。
看取蓮花净，方知不染心。

“看取蓮花净，方知不染心。”詩人探訪高僧義公的禪房，看到房前潔净的蓮花，感嘆他（義公和尚）的禪心也如同這蓮花一般，不染世間塵欲。

考一考

唐代詩人韋應物在《咏露珠》中寫道：“秋荷一滴露，清夜墜玄天。將來玉盤上，不定始知圓。”爲什麽水滴在荷葉上會形成圓球狀？

13

"輻射霧"真的有輻射嗎?

導讀

2021年1月29日清晨，長沙城市上空雲霧繚繞，高樓在霧中若隱若現，在朝陽的映襯下，宛如仙境，小夥伴們直呼"有種生活在雲端的感覺"。一時間，朋友圈被"天空之城"刷屏。

這場顔值"爆表"的大霧什麽來頭?長沙市氣象局氣象專家表示，這次大霧主要是由於地面濕度大，在輻射降温的作用下，水汽凝結而形成了"輻射霧"。

消息一出，有人又開始害怕起來了，説"輻射霧"就是含有電磁輻射粒子的霧，長期在"輻射霧"中生活，會影響身體健康。

這場"仙霧"到底是福是禍?

其實，"輻射霧"衹是一個氣象學的概念，與電磁輻射毫無關係。

在介紹輻射霧之前，我們先來瞭解一下霧的種類。按照成因不同，霧主要可分爲平流霧、上坡霧、蒸發霧、輻射霧。

平流霧主要是暖濕空氣隨風平流到冷的地面或水面，因氣層冷却使水汽達到飽和而形成的霧。這種霧多出現在沿江及沿海城市，北方多在初冬發生，南方則更多發生於仲冬或冬末，有時連續幾天不散。

上坡霧是指濕潤空氣流動過程中沿着山坡上升時，因絶熱膨脹冷却而形成的霧。所謂絶熱膨脹，是指與外界没有熱量交换的膨脹過程。上坡霧多見於山中。

蒸發霧是指冷空氣流經温暖水面，如果氣温與水温相差很大，則因水面蒸發的大量水汽，在冷空氣中發生凝結而形成的霧。

和前三種霧不同，輻射霧是由於地表輻射冷却作用使地面氣層水汽凝結而形成的霧，在北方冬季、初春和秋末等時節比較常見。這種霧并没有輻射性，所以大家不要被它的名字嚇到。關於輻射霧的特點，唐代詩人白居易在《花非花》中有着形象的描寫。

花非花

【唐】白居易

花非花，霧非霧，
夜半來，天明去。
來如春夢幾多時？
去似朝雲無覓處。

爲什麽輻射霧會“夜半來，天明去”呢？前面説了，輻射霧是因地面輻射冷却而形成的，它常出現在晴朗、微風、近地面、水汽比較充沛的夜間或早晨。白天，隨着太陽的升高，地面温度逐漸上升，輻射霧就會立即蒸發消散。早晨若出現輻射霧，常預示着當天是個好天氣，民間“早晨地罩霧，儘管曬穀物”“十霧九晴”的説法也就由此而來。

不過，輻射霧雖然對人體不具有輻射性傷害，但它畢竟也是一種霧。當大霧彌漫時，空氣中的有毒、有害物質可能會與大氣污染物發生一系列物理化學反應，從而産生新物質。如二氧化硫在大氣中被氧化後，與霧滴結合成硫酸氣溶膠，這一新物質的毒性要比原來的物質提高數倍以上。而且大霧時往往存在逆温層，空氣無法對流，空氣中的污染物很難擴散，對人體危害也很大。所以在濃霧和强濃霧天氣時，外出應當戴上口罩，做好自身的防護。

考一考

“花非花，霧非霧，夜半來，天明去”，描述的是輻射霧的特點，氣象上還有哪些霧的種類？

14

“招蜂引蝶”的花

導讀

“亂花漸欲迷人眼，淺草纔能没馬蹄。”春天，是花枝招展的季節。在和煦温暖的陽光中，萬紫千紅的花朵盡情地展現自己的美麗，它們身姿婀娜，迎風摇曳，芬芳沁人。

爲什麽花兒會如此絢麗多彩，香氣撲鼻呢？原來，一些花想通過這種方式吸引蜜蜂、蝴蝶等昆蟲來爲它們傳播花粉，完成繁育下一代這至關重要的“人生大事”。爲了達到“招蜂引蝶”的目的，花兒可是費盡了心思，使出了五花八門的手段。

花香是花吸引昆蟲的一種重要手段。花香的形成，大部分源自花瓣中的一種油細胞，它能分泌出香味濃烈的芳香油，這種芳香油分子很容易揮發，故而香氣四溢。也有部分花香并非因爲芳香油，而是花朵中含有一種配糖體，這些配糖體經過分解後，同樣能散發出香氣。從花的生理需求來看，花的香氣并不是專供人們陶醉的，而是花求取昆蟲幫助它傳粉的一種氣味“語言”，所以花香又被稱作“异種傳信素”。一般情况下，在開花的早期階段，花香成分揮發量會逐漸升高，而在花準備好授粉的時候，揮發量會達到峰值。

第二個重要的手段就是花蜜。花蜜來自花朵自身的蜜腺。在開花的季節，一些植物内的營養物質被輸送到了花朵上，一部分用以形成果實和種子，另一部分則轉化爲糖汁，貯存在蜜腺細胞中。爲了完成繁育使命，蜜腺細胞動用這些豐富的營養物質，在適宜條件下，通過蜜腺的表皮分泌到體外，形成了吸引昆蟲們的花蜜。同時，花瓣上也有着一些不大顯眼的紋路，被稱作“蜜標”。不要小看這些紋路，開花後的一兩天，昆蟲們就會聞香覓迹，循着這些紋路，來到花朵上尋找花蜜。

昆蟲過來采蜜，在不經意間爬過花藥，全身就會沾滿花粉，而沾在它們身上的花粉，也因此會被帶到柱頭上。於是，這些幸運的花粉，便開始參與植物種子的孕育了。

另外，花朵具有絢麗的色彩，也能起到吸引昆蟲的作用。不同顏色的花能够引起不同昆蟲的注意，花兒獲得傳粉的機會也就更多。

在花兒的種種手段下，蜜蜂蝴蝶們“心醉神迷”，紛紛在花叢中縈繞飛舞。唐代詩人温庭筠就在詩中寫出了這種蜂飛蝶舞的情態。

惜春詞

【唐】温庭筠

百舌問花花不語，低回似恨横塘雨。
蜂争粉蕊蝶分香，不似垂楊惜金縷。
願君留得長妖韶，莫逐東風還蕩摇。
秦女含嚬向烟月，愁紅帶露空迢迢。

考一考

依靠昆蟲爲媒介進行傳粉的花稱爲“蟲媒花”，你知道常見的蟲媒花有哪些嗎？

15

痛哭時爲何總是流涕?

導讀

哭是一種宣泄情感的重要方式，從小到大，每個人應該都有過哭的經歷。不知道你有没有發現，當人痛哭時，不僅會"嘩嘩"地流眼泪，鼻涕也會不知不覺地一起流下來，一把鼻涕一把泪的。那麼，人痛哭的時候，爲什麼總是會流涕呢?

要弄明白爲什麼人在哭泣的時候會流鼻涕，要先瞭解一個特殊通道——鼻泪管。平時，眼泪由泪腺分泌出來，再由眼角的静脉回流。人哭時，眼泪會通過鼻泪管流到鼻腔裏。

眼泪是泪腺分泌出來的一種液體，正常情况下人平均每分鐘眨眼13次左右，每眨一次眼，眼瞼便從泪腺中帶出一些泪水來。泪水對眼睛有清潔作用，可以冲掉异物、刺激物等，祇不過眨眼時産生的眼泪較少，正好用以濕潤眼球，與蒸發的泪水相平衡。當一個人非常傷心痛苦的時候，産生的泪水大於蒸發的泪水，眼泪不得不另闢蹊徑尋找出路，也就是我們的鼻腔。

當眼泪經過鼻腔時，鼻腔受到刺激，其分泌物也會增加。不過，這個時候鼻腔流出來的是眼泪和鼻涕的混合物。當停止哭泣後，鼻腔流出的纔是真正的鼻涕。

古人很早就發現了這個現象，《詩經》中就記載了一位年輕人因飽受愛情相思之苦而涕泗交加的情景。

詩經·國風·陳風·澤陂

彼澤之陂，有蒲與荷。
有美一人，傷如之何？
寤寐無爲，涕泗滂沱。

彼澤之陂，有蒲與蕑。
有美一人，碩大且卷。
寤寐無爲，中心悁悁。

彼澤之陂，有蒲菡萏。
有美一人，碩大且儼。
寤寐無爲，輾轉伏枕。

在那池塘的岸邊，蒲草青青荷花鮮艷。詩中的主人公想起自己戀慕的心上人，不禁有些心煩意亂，情迷神傷。晚上覺也睡不着，在床上輾轉反側，憂思苦惱。思念到深處，甚至哭了起來，眼泪鼻涕如下雨一般流下。

考一考

人類的眼睛和鼻子是相通的嗎？

16

鼠疫離我們并不遥遠

導讀

14世紀四五十年代，歐洲曾爆發了一次鼠疫，這場被稱爲“上帝之鞭”的瘟疫奪走了2 500萬人的生命，造成30%～60%歐洲人口的死亡，慘烈至極。由於人死後身體呈紫黑色，所以鼠疫在很多文獻中被記作黑死病。

黑死病在隨後的300多年裏在歐洲間隔性反復爆發，那些年間，歐洲人的平均壽命衹有20歲。鼠疫直到17世紀末、18世紀初纔完全平息，而引起鼠疫的鼠疫杆菌直到1894年方被發現。

——選自《科學戰“疫”——人類與病毒的故事》

鼠疫是由鼠疫杆菌感染引起的烈性傳染病，主要在嚙齒類動物間流行，鼠、旱獺等爲鼠疫杆菌的自然宿主，鼠蚤爲傳播媒介。人類對鼠疫普遍易感，没有天然免疫力，但病後可獲持久免疫力。臨床表現爲高熱、淋巴結腫大疼痛、咳嗽、咳痰、呼吸困難、出血，以及其他嚴重毒血症狀。本病傳染性强，病死率高，如果不治療，病死率可達30%～60%。鼠疫在世界歷史上曾有多次大流行，我國在1949年以前也曾多次流行，目前已大幅減少，但在我國西部、西北部仍有散發病例。

鼠疫是一種非常可怕的傳染疾病，是我國法定的甲類傳染病。在中國的歷史上，有記載的鼠疫爆發就有很多次。清代詩人師道南就曾在《天愚集》中記載鼠疫肆虐時的人間慘狀。

鼠死行（節選）

【清】師道南

東死鼠，西死鼠，
人見死鼠如見虎。
鼠死不幾日，
人死如圻堵。
晝死人，莫問數，
日色慘淡愁雲護。

詩中的描述不僅説明了鼠疫對人生命危害的慘烈，同時也表明古人已初步認識到鼠疫流行的病源、媒介和流行環節。鼠疫的傳播方式主要有兩種：一種爲鼠—蚤—人，即跳蚤叮咬病鼠後再叮咬人；或剥取染疫旱獺皮、剥食其他染疫動物，此類傳播方式常引起腺鼠疫或敗血型鼠疫。另一種則爲人—人方式，此種方式感染的主要爲肺鼠疫，即健康者接觸患有肺鼠疫的病人後，經呼吸道吸入感染。除了老鼠和旱獺外，很多動物都可能成爲鼠疫的傳染源。鼠疫的次要和偶然宿主可以分爲兩類：食肉動物和食草動物。食肉動物如狐、狼、獾、猞猁、山猫、犬、猫等，可通過捕食主要宿主（鼠類）或通過鼠蚤而感染。自然界中的鼠疫菌可以在植物表面存活一段時間，所以食草動物也有通過接觸而感染的可能。

那麼在現代，鼠疫是不是已經銷聲匿迹，離我們遠去了呢？其實不然。2000年，鼠疫仍然找到了機會偷襲我們國家。雲南地區先後有多個縣、市發生了動物間鼠疫流行，然後由動物傳染至人，再由人傳染人。這次鼠疫一共有254例病人感染，是新中國成立以來的最高紀録。2020年，内蒙古自治區也出現了腺鼠疫確診病例。

所以説，鼠疫離我們并不遥遠，我們仍然要保持警惕，對待旱獺以及其他動物，應遵循人與動物各有其道的規則，不干擾它們的生活，更不應當捕捉後喂養和食用它們，以免染病。

當然，隨着現代醫學的發展，面對疫情我們不會像古人那樣束手無策。對於鼠疫，我們國家已經有了豐富的應對經驗和有效的治療方法，通過科學的預防、診斷、隔離、對症治療，鼠疫已不再是死亡的代名詞。

考一考

鼠疫這種疾病主要是由病毒引起的嗎？

17

飛鴿傳書

導讀

在古裝電視劇或電影裏，我們常看到飛鴿傳書這種傳遞信息的方式：人們把寫好的信件放到竹筒裏綁在鴿子腿上，鴿子迅速地飛到目的地，把消息及時傳遞到收信人手中。歷史上，古人真的使用過飛鴿傳書這一辦法嗎？

五代王仁裕的《開元天寶遺事》有這樣的記載："張九齡少年時，家養群鴿。每與親知書信往來，衹以書繫鴿足上，依所教之處，飛往投之。九齡目之爲'飛奴'。"看來，飛鴿傳書的方法確實存在，唐朝開元名相、詩人張九齡就用它來和親友通信。那麼問題來了，爲什麼鴿子這種動物，可以用來傳信呢？

鴿子之所以被當作可靠的小信使，與它們具有的固執個性有關。養過鴿子的人都知道，鴿子的作息時間和生活習慣一旦養成，就會每天嚴格遵守。鴿子非常戀家，有强烈的故鄉情懷，在哪裏出生，就要在哪裏生活一輩子。如果硬要把鴿子帶走，它們不管相隔多遠，不論經歷多少艱難困苦，都要飛回家。因此，人們就利用了這個特點，馴化鴿子，讓它們當信使。

鴿子不管路途多麼遥遠，都能準確地飛回家，爲什麼呢？今天，我們用GPS或者北斗爲我們導航，可鴿子依靠什麼來導航呢？

鴿子認路，是因爲鴿子眼睛的視網膜中有一個"生物指南針"。

這個“生物指南針”是一種能够感應磁場的蛋白質分子，科學家管它叫MagR，我們可以叫它磁感應分子。鴿子正是通過這種磁感應分子感受地球磁場，從而判斷自己的位置。

但是，單獨的磁感應分子不能發揮作用，它還會找個小夥伴。這個小夥伴也是一種蛋白質分子，叫感光蛋白CRY。兩個小夥伴緊緊抱在一起，組成一個小小的短棒，就像春捲一樣。磁感應分子是“春捲”的餡兒，感光蛋白CRY則是“春捲”的皮。這個“春捲”就像真正的磁鐵，會吸起鐵粉，會像指南針一樣隨着外界的磁場旋轉。

爲什麼這兩種蛋白質組成的“春捲”這麼神奇，竟然具備磁性呢？磁感應蛋白分子的磁性是從哪裏來的？答案是來自鐵原子。原來，每個磁感應蛋白分子中有多個鐵原子，這些鐵原子組成了鐵環。鐵原子組成鐵環後，每個鐵原子的兩個自由電子就在這個鐵環中流動，產生了電流，接着產生了磁場。於是，鴿子就能通過“春捲”內的磁場和地磁場的相互作用，判斷出自己在哪裏了。因爲不同地方的地磁場强度和方嚮是不一樣的，所以鴿子就通過一系列複雜的“計算”，“算”出了自己的位置、離家的距離和路綫。

由此看來，鴿子真是一種聰明的動物，詩人常常在詩詞中表達出對它的喜愛。

白　鴿

【唐】徐夤

舉翼淩空碧，依人到大邦。
粉翎栖畫閣，雪影拂瓊窗。
振鷺堪爲侶，鳴鳩好作雙。
狎鷗歸未得，睹爾憶晴江。

考一考

除了“飛鴿傳書”外，你還知道哪些古代的通信方式？

18

江清，月近人？

導讀

宋代文學家范仲淹在膾炙人口的名篇《岳陽樓記》中描繪了一幅美麗的月夜湖景：“皓月千里，浮光躍金，静影沉璧。”皎潔的月光照耀千里，洞庭湖面閃爍着金色的波光，月亮在湖中静静的倒影像沉入水底的玉璧。月亮爲什麽會倒映在水中？想必大家都知道背後的科學知識，這是平面鏡成像，和光的反射有關。不過，我們看到水中月亮的過程，是否可能還涉及其他的光學原理呢？讓我們一起來瞭解一下。

孟浩然是同學們非常熟悉的詩人，他是唐代山水田園詩派的代表人物。孟浩然的詩以五言短篇爲主，題材多描寫山水田園風光和隱逸的生活，詩風清淡自然。下面我們來欣賞一首他刻畫秋江暮色的名篇。

宿建德江

【唐】孟浩然

移舟泊烟渚，日暮客愁新。
野曠天低樹，江清月近人。

夜色將晚，停船烟渚。詩人觸景生情，新愁驟至。讀完這首詩，除了體會到詩人内心滿滿的憂愁，不知同學們的腦海中有没有産生一個疑問？

“江清月近人”，爲什麼詩人會説水中的月亮和他離得很近呢？其實，詩人看到的這個現象，與光的反射和折射有關。下面讓我們來詳細地分析一下。

月光射入水中後，會同時發生折射和反射。先説折射。同學們生活中都做過在水杯裏插筷子的實驗吧！插入水裏的筷子看起來變短了，這是因爲光在水裏發生了折射。當光從空氣進入水裏時，折射角的角度小於入射角的角度，所以筷子看起來會變短。

再説反射。在水面處，月光也會發生反射，在水裏產生一個虛擬的鏡像，和平面鏡成像一樣。平面鏡成像，鏡子裏的虛擬影像和真實物體的大小一致，到鏡面的距離相等。實際上，水裏的月亮離我們并没有更近。可是，詩人孟浩然爲什麼會感覺更近一些呢？

考慮一下這種情形：進入水中的折射光綫在水底被反射，繼而穿過水面，經過兩次折射，進入我們的眼睛。由於光路是可逆的，在月光穿過水面重新來到空氣中時，發生了第二次折射。冒出水面的光綫的出射角與原來進入水面時的光綫的入射角相等，雖然不在一個對稱軸上，但是仍呈鏡像對稱。

這個時候，由於進入眼睛的折射光綫確實來自被水底反射的光，所以眼睛看到的水中的月亮鏡像是實像。并且由於水中的折射角小於空氣中的折射角，所以看起來水裏的月亮實像確實離水面的距離更近一些。

但是，由於我們眼睛感受到的既有水面月光反射形成的月亮虛像，也有水中月光折射形成的月亮實像，所以我們看水中月時，總會有月影朦朧之感。

考一考

請用光的折射原理解釋一下“潭清疑水淺”的原因。

19

雨後彩虹是圓形的？

導讀

彩虹是一種美麗的光學現象，太陽光照射到半空中的水滴，光綫被折射及反射，在天空形成七彩光譜，由外圈至內圈呈紅、橙、黄、緑、藍、靛、紫七種顔色。彩虹常在雨後剛轉天晴時出現，在瀑布附近，有時也可以看到彩虹。

不少人都看到過美麗的彩虹，彩虹是什麽形狀的呢？可能你會不加思索地説，是弧形的。偉大的浪漫主義詩人李白也是這麽認爲的。

焦山望寥山

【唐】李白

石壁望松寥，宛然在碧霄。
安得五彩虹，駕天作長橋。
仙人如愛我，舉手來相招。

詩人站在焦山陡峭的石壁上，遥望松寥山，想把彩虹化爲凌空的長拱橋，以便登天與仙人做伴。從這可以看出，詩人認爲彩虹和拱橋一樣，都是弧形的。可事實真是如此嗎？

嚴格來説，雨後出現的彩虹并不是弧形的，而是圓形的。我們看到的弧形彩虹，其實衹是彩虹圓圈的上半部分，它的下半部分被地平綫遮擋了。雖然站在地上看不到圓形的彩虹，但當天空出現彩虹的時候，迅速乘上飛機或熱氣球等飛行器，升到空中，你就可以看到一個完美的七彩圓圈。

暴雨過後，空氣中留有大量的小水滴。陽光從不同角度射入水滴，反射出的光綫也朝向不同的角度，約42° 的光綫强度是最强的（這個角度被稱爲“彩虹角”）。衹有這個角度的光綫進入人眼後，人纔能看到彩虹。因此，如果以人眼爲中心，沿平行於太陽光的方嚮做一條軸綫，那麽，以同一角度進入人眼的光綫就會圍繞這條軸綫形成一個圓錐面。針對不同的光綫，其夾角會有微小區别，因此會形成七彩圓形的彩虹。生活中，由於地面的阻擋，我們衹能看到圓的一部分，即看到一道弧形彩虹。

考一考

“禦水横銀漢，仙橋挂彩虹。”彩虹的形成與哪些光學原理有關？

20

蔚藍色的天空

導讀

藍天白雲，是常伴在我們身邊的自然美景。晴朗明媚的春日，湛藍湛藍的天空像廣闊安静的大海，明亮，平和，寬廣，再點綴朵朵輕柔的白雲，真是一幅讓人心曠神怡的美麗畫卷。在欣賞這樣美好景色的同時，你是否曾想過，爲什麼天空是藍色的呢?

晴天時，天空之所以是藍色的，是因爲大氣對太陽光的散射作用。大氣對不同色光的散射作用不是“機會均等”的，波長短的光受到的散射最厲害。

太陽光中包含有紅、橙、黄、緑、藍、靛、紫等可見光，這些可見光中，波長較短的是藍、靛、紫光，它們最容易被大氣中的塵埃及其他微粒散射，從而使光綫散射向四方，令天空呈現出藍色。大氣層中的紫色幾乎看不到，是因爲紫色光在被散射的同時，大部分被吸收了，而且人類的眼睛對紫色也并不敏感。因此，晴天天空的顔色實際上是光譜中藍色周圍的合成顔色，我們稱之爲“蔚藍”。

在陰天或污染嚴重的時候，大氣渾濁，空中有很多霧、薄雲或粉塵，選擇性散射的效應不再存在，不同波長的光將被“一視同仁”地散射。所以，天空呈現白茫茫的顔色，而不是蔚藍色。

相隔雖千年，共看一片天。古代詩人們也用筆記録下了蔚藍天空的美麗，明代著名的戲曲家、文學家湯顯祖就在詩中贊美藍天、碧水、青山如同仙女一樣美麗。

問李生至清

【明】湯顯祖

麻姑山水蔚藍天，醉墨横飛倚少年。

却被倒城人笑煞，太平橋畔野僧眠。

爲了留住美麗景色，我們需要提高環境保護的意識，加强環境保護治理的力度，減少污染物排放，倡導緑色出行。每個人都從身邊做起，共同守護住這蔚藍的天空。

考一考

除了汽車尾氣排放、工業廢氣排放外，你還知道哪些常見的大氣污染來源？

21

你的牙齒還好嗎？

導讀

2017年，國家衛計委發布了第四次全國口腔健康流行病學調查結果，我國5歲兒童乳牙齲患率爲70.9%，比十年前上升了5.8個百分點；12歲兒童恒牙齲患率爲34.5%，比十年前上升了7.8個百分點。兒童患齲情况已呈現上升態勢。

2019年，國家衛健委辦公廳印發了《健康口腔行動方案（2019—2025年）》，該方案明確提出，開展“减糖”專項行動，中小學校及托幼機構限制銷售高糖飲料和零食，食堂减少含糖飲料和高糖食品的供應，同時，實施少兒口腔健康檢查、窩溝封閉、局部用氟等口腔疾病干預模式，在2025年把齲患率控制在30%以内。

齲齒俗稱“蟲牙”或“蛀牙”，是口腔主要的常見病，也是人類最普遍的疾病之一。齲齒疾病會給人的健康帶來很大危害，特别是病變向牙體深部發展後，可引起牙髓病、根尖周病、頜骨炎症等一系列并發症，以至嚴重影響全身健康。

齲齒疾病帶來最直接的反應就是牙疼。牙疼猛於虎。大詩人陸游就專門寫了一首《齲齒》詩，記録下了自己被齲齒折磨，牙疼得難以睡覺吃飯的經歷。

齲　齒

【宋】陸游

人生天地間，本非金石堅。
況復歷歲久，蠹壞無復全。
齲齒雖小疾，頗解妨食眠。
昨暮作尤劇，頰輔相鉤聯。
欲起懶衣裳，欲睡目瞭然。
恨不棄殘骸，蛻去如蛇蟬。
或當學金丹，揮手凌雲烟。
逢師定悠悠，丹成在何年。

齲齒到底是怎樣一步步發生的呢？齲齒的形成與粘附在牙齒表面或口腔其他軟組織上的大量細菌（主要是變形鏈球菌，以下稱“致齲菌”）有關。混入口内的致齲菌利用進餐時在口腔内殘留的糖，製造出有黏性的物質葡聚糖，葡聚糖附着在牙釉質表面，致齲菌就以此爲巢穴迅速繁殖。然後由細菌、唾液及其他分泌物積聚形成齒垢，如不及時清除就會變硬形成牙結石。齒垢中的致齲菌分解食物中的糖或碳水化合物，產生出乳酸等酸性物質。酸會溶解牙齒表面的琺瑯質，并進一步腐蝕内部的象牙質，腐蝕構成牙齒的鈣和磷，最終造成齲齒。

齲齒的危害如此多，我們應當怎樣預防齲齒呢？其實，我們對抗齲齒有一種天生的强力武器，那就是唾液。唾液含有抗菌物質且基本呈中性，能够在飯後把吃飯時由致齲菌造成的口腔内酸性環境恢復成中性。同時，唾液裏含有的鈣等無機質能修復被酸腐蝕的牙齒，這個過程叫作“再鈣化”。如果是初期的齲齒，通過再鈣化還是可以恢復的。

爲了使唾液充分發揮作用，有個重要而簡單的方法，就是細嚼慢咽。這樣可以分泌很多唾液，臉頰肌肉也能很好地運動起來，使齒垢不容易形成。與之相反，如果經常狼吞虎咽又不注意口腔清潔，就會不斷把製造齒垢或酸的材料提供給致齲菌，容易造成齲齒。人在睡眠中唾液分泌量減少，在臨睡前吃東西最容易得齲齒。所以，飯後睡前用正確的方法刷牙很重要。

另外，預防齲齒、强化牙質的最有效方法就是使用氟（主要是通過氟化法，增加牙齒中的氟素）。氟有促進牙質再鈣化的作用，如果在構成牙質的羥基磷灰石結晶中插入氟原子就可以增强牙質對酸的抵抗力，不容易發生齲齒。現在很多牙膏都加入了氟化物，如氟化鈉、單氟磷酸鈉等。此外還可以用含有氟化物的水漱口或請醫生直接在牙齒表面塗抹氟化物。乳牙比恒牙更容易發生齲齒，而且病情進展也快，所以一定要用氟來强化牙質。使用含氟牙膏刷完牙漱口時，要減少水量保持濃度或含而不漱，使含氟液體多在口腔裏停留一段時間，這樣會更有效。

考一考

在日常生活中，我們應該養成哪些良好的習慣來預防齲齒？

22

拋物綫的旅行

導讀

拋物綫是平面內到定點與定直綫的距離相等的點的軌迹。通俗地說，將一物體向上斜拋出去所經的路綫就是拋物綫。在我們的生活中，經常能發現拋物綫的踪迹。在足球比賽中，球員猛地一脚射門，足球在空中劃出的美麗的弧綫是拋物綫；槍炮射擊時，子彈、炮彈出膛後形成的軌迹是拋物綫；投擲鉛球時，鉛球飛行的軌迹也是拋物綫。

射箭時，箭頭在空中的飛行軌迹是什麽樣的？當然是一條拋物綫。

這條拋物綫是怎樣形成的呢？它是箭頭在水平方嚮的運動軌迹和垂直方嚮的運動軌迹叠加的結果，即箭頭一邊往前飛，一邊往地上落。其中，水平方嚮的運動，如果不考慮空氣阻力，可看作是勻速的，即在相同的時間裏，飛過相同的水平距離。

而在垂直方嚮上，忽略空氣阻力的影響，箭頭則是勻加速運動。地球上的物體都會受到重力的作用，射出去的箭頭也是如此。重力最講公平了，不管物體的質量有多大，下落的時候，都給一樣的重力加速度，即物體的速度每秒鐘都會增加9.8m/s（取g=9.8m/s^2）。

如果我們衹考慮箭頭的質心，這樣箭頭就會成爲一個小點。如果我們畫一個坐標，實時地標出每1秒箭頭的飛行位置，甚至采取更小的時間間隔，比如每0.01秒，再用筆把這些點連起來，就會得到箭頭的飛行軌迹，這就是一條拋物綫。

瞭解了箭頭拋物綫軌迹的形成過程，我們再來聊一聊射箭。古代有很多人都非常擅長射箭，飛將軍李廣就是典型的代表。

塞下曲（其二）

【唐】盧綸

林暗草驚風，將軍夜引弓。
平明尋白羽，没在石棱中。

李廣晚上到森林中狩獵，誤把一塊大石頭當作老虎，拉弓射箭，竟然把箭射入了石頭中。飛將軍李廣好神勇！

讀完這首詩，不知同學們有没有想過，這得需要多大的力氣，纔能把箭頭射入堅硬的石頭中呢？這首先需要滿足兩個外在條件：

一是比石頭還堅硬的尖端鋭利的金屬箭頭。頂端尖鋭，在同樣的力度下，箭頭面積更小，壓强更大，纔能像釘子一樣鑽入石頭中。

二是石頭種類符合要求。不能是堅硬的花崗岩，得是頁岩、不大堅固的石灰岩。要是遇到石英岩和玄武岩，十個李廣也不能把箭頭射入石頭中。

當然，最關鍵的還是李廣臂力驚人，能給箭頭一個極大的初速度。

結合上面討論的拋物綫的形成過程，我們思考一下，如何能够像飛將軍一樣把箭射得遠，甚至射入石頭中呢？一個必要的條件就是射箭時箭頭的初始速度足够大。怎麼纔能讓箭頭的初始速度大呢？

先説水平速度。拉弓的人力氣要大，箭頭射出時，初始速度就大。此外，弓弦的彈性也很重要，彈性強，能起到加速的作用。

再說垂直速度。這和拉弓人的高度和射箭的角度有關。在不考慮空氣阻力的情況下，一個物體落到地面需要多久，取決於它下落時的初始速度以及距離地面的高度。站得高，箭頭落地需要的時間長，箭頭就有更多的時間在空中飛行，於是能飛得更遠，射到更遠的地方去。

李廣騎在馬上射箭，高度增加了，加之其臂力驚人，把箭頭射進石頭中也就可以理解了。

考一考

在一些表現古代戰爭的影視劇中，常常可以看到弓弩手向正前方偏上的方嚮射箭，請解釋一下這其中的科學道理。

23

蠟梅不是梅花

導讀

數九寒冬，萬物凋零，大多數植物的葉子都已落盡，衹餘光禿禿的枝幹。可有一種花卻能够傲雪鬥霜，迎寒而開，用點點清麗的鵝黄色和芬芳縷縷的清香，點綴這凋敝的冬日，它就是蠟梅。

生活中，人們常稱蠟梅爲臘梅，認爲蠟梅是臘月裏開的梅花，其實這是不正確的，因爲蠟梅不是梅花。

蠟梅和梅花的名字裏皆有“梅”，卻非同類。它們的主要區别有以下幾點：

科屬不同：蠟梅是蠟梅科蠟梅屬，梅花則爲薔薇科杏屬。

花色不同：蠟梅花以蠟黄爲主，梅花則有多色。

花期不同：蠟梅多開於臘月前後，梅花開在早春。

樹形不同：蠟梅爲灌木，枝叢生；梅花爲小喬木，有明顯主幹。

葉片不同：蠟梅葉片比梅花葉片要大，表面粗糙，葉邊没有小鋸齒，且蠟梅葉片對生，梅花葉片互生。

經過形態特徵上的比較，相信你已經能準確地區分出蠟梅和梅花。古人也早已認識到蠟梅與梅花的不同。明朝著名醫藥學家李時珍在《本草綱目》中這樣介紹蠟梅：“此物本非梅類，因其與梅同時，香又相近，色似蜜蠟，故得此名。”清初《花鏡》中也有記載：“蠟梅俗稱臘梅，一名黄梅，本非梅類，因與梅同放，其香又近似，色似蜜蠟，且臘月開放，故有是名。”即“蠟梅”是其正規名稱，因其花黃色有蠟質，色如蜜蠟而得名；而俗稱作“臘梅”，是因爲它在臘月前後開花。

蠟梅歷來爲文人雅士所贊頌，爲廣大群衆所喜愛。它枝幹粗壯蒼勁，花朵衝寒而生，開放初期，其花飽滿圓潤，猶如大珠小珠落玉盤，花瓣表面油性十足，把蠟質特徵表現得淋漓盡致，色澤明亮，艷而不俗，芳香四溢，經久不衰。

宋代黃庭堅在《戲咏蠟梅（其一）》中對蠟梅稱贊不已：

戲咏蠟梅（其一）

【宋】黃庭堅

金蓓鎖春寒，惱人香未展。

雖無桃李顔，風味極不淺。

陸游也在《荀秀才送蠟梅十枝奇甚爲賦此詩》中不吝贊美之詞：

荀秀才送蠟梅十枝奇甚爲賦此詩

【宋】陸游

與梅同譜又同時，我爲評香似更奇。

痛飲便判千日醉，清狂頓減十年衰。

色疑初割蜂脾蜜，影欲平欺鶴膝枝。

插向寶壺猶未稱，合將金屋貯幽姿。

考一考

“遥知不是雪，爲有暗香來”，這首詩説的是蠟梅還是梅花呢？

24

“荔枝病”，你瞭解嗎？

導讀

荔枝是一種春夏季的水果，通常在4～7月上市。關於荔枝的各種説法一直有很多，如：吃荔枝容易上火，空腹吃荔枝易得“荔枝病”。這些説法是真的嗎？今天，我們就來聊一聊美味而又獨特的水果——荔枝。

古往今來，荔枝一直是人們非常喜愛的水果。晶瑩剔透的果肉、甘甜多汁的口感，炎炎夏日，吃上幾顆冰涼的荔枝，真是一種美妙的享受。

四月十一日初食荔枝（節選）

【宋】蘇軾

垂黄綴紫烟雨裏，特與荔子爲先驅。
海山仙人絳羅襦，紅紗中單白玉膚。
不須更待妃子笑，風骨自是傾城姝。
不知天公有意無，遣此尤物生海隅。

食荔枝（其二）

【宋】蘇軾

羅浮山下四時春，盧橘楊梅次第新。
日啖荔枝三百顆，不辭長作嶺南人。

宋哲宗紹聖二年（1095），蘇軾在廣東惠州初次品嘗了甜美的荔枝，贊嘆不已，特意作詩一首《四月十一日初食荔枝》，詩中把荔枝比作身着絳羅襦、紅紗衣的仙女，肌膚瑩白如玉，風姿美麗動人。不知上天是有意還是無意，把這樣的珍品留在了世間。

用一首詩來贊美還不够，在此後的詩文裏，蘇軾多次表達了對荔枝的喜愛之情。“日啖荔枝三百顆，不辭長作嶺南人”，就是其中最爲膾炙人口的兩句。如果每天可以吃三百顆荔枝，詩人願意永遠都做嶺南的人。蘇軾竟想要一天吃三百顆荔枝，真是有些誇張。

楊貴妃也特別愛吃荔枝，於是纔有了“一騎紅塵妃子笑，無人知是荔枝來”的千古名句。因爲荔枝特別容易壞，古時保鮮技術不發達，需要快馬加鞭地運送，纔能使貴妃吃到异地的新鮮荔枝。而現代社會得益於科技的發展：冷藏、低氧、保鮮液，再配合上快速的冷鏈運輸，全國各地都能吃到比較新鮮的荔枝，都有了貴妃的待遇！

不過，雖然現在可以方便地吃到荔枝，但也不能不加節制地亂吃，否則就可能會得上“荔枝病”。“荔枝病”是怎麽一回事？吃荔枝時有哪些要注意的地方呢？讓我們細致地瞭解一下吧。

1. 荔枝的營養特點有哪些？

不妨和蘋果對比一下（以下數據爲“每100g營養素含量”）：

	熱量 kcal	水 g	蛋白質 g	脂肪 g	碳水化合物 g	膳食纖維 g	鉀 mg	鈣 mg	鎂 mg	維生素C(mg)	胡蘿蔔素(ug)	維生素A(ugRE)
蘋果	54	85.9	0.2	0.2	13.5	1.2	119	4	4	4	20	3
荔枝	71	81.9	0.9	0.2	16.6	0.5	151	2	12	41	10	2

（數據摘自《中國食物成分表》）

在水果中，荔枝的熱量較高（含糖量高）、膳食纖維含量較低；維生素C含量高（約爲檸檬的2倍），其餘維生素含量在水果中并不突出；鉀含量較爲豐富，其餘常見礦物質含量一般。

2. 荔枝爲什麽那麽“好吃”？

首先肯定是甜啦！很多水果含水量高，甜度低，甚至酸味明顯，而荔枝的含糖量大於15%，所以“甜”得很明顯；其次是口感好，和榴蓮、菠蘿蜜等甜度高的熱帶水果相比，荔枝的含水量高達80%以上，果肉纖維少，口感當然好啊。

3. 糖尿病人能吃荔枝嗎?

荔枝的含糖量高，糖分高會增加血糖波動，因此建議糖尿病人少吃或者不吃荔枝。糖尿病人更適宜吃一些熱量低、升糖指數低的水果，如蘋果、桃子、柚子、西紅柿、黄瓜等。

4. 腎臟病人能吃荔枝嗎?

荔枝蛋白質含量低，需要低蛋白飲食的腎臟病人可以吃，但是也要適量。荔枝的鉀含量較高（151mg/100g），如果腎病合并有高鉀血症的話，必須要限制食用。

5. 什麽是“荔枝病”？

“荔枝病”，通俗地講就是急性低血糖症，前期表現爲出汗、肢冷、腹痛等症狀，嚴重的會突然抽搐、昏迷、瞳孔縮小，甚至呼吸衰竭等。給予葡萄糖治療後仍昏迷的病人，可能發展到腦水腫階段。

6. 荔枝含糖量那麽高，爲什麽會引發低血糖?

荔枝中的糖分很大一部分是果糖，果糖會刺激人體分泌較多胰島素，使機體血糖降低，而肝臟短時間又不能把這些果糖分解成葡萄糖，所以就導致了低血糖。除此之外，荔枝内還含有一種可降低血糖的成分甲基丙環基甘氨酸，也是導致血糖降低的原因之一。

考一考

除了上面兩首詩外，你還知道哪些描寫荔枝的詩詞?

25

鑿開混沌得烏金

導讀

《我國的煤礦》（温濟澤）選摘：

我國是世界上最早用煤的國家，大約在四千年前，我國就發現了煤；1世紀的時候，就學會了用煤作燃料；10世紀左右，用煤的就相當多了。歐洲用煤比我國晚，13世紀以後纔逐漸普遍開采和使用。美國更晚，到17世紀的時候，纔開始有人用煤。1803年，美國還鬧過一個笑話：有人運了300噸無烟煤到美國菲列德爾菲亞城（今譯作費城），那個城裏没有一個人認識煤，他們把煤當作黑石頭鋪了馬路。

——選自《科學大衆》1950年1月刊

煤是怎麼形成的？中國科學院院士、大地構造學和石油地質學家朱夏認爲，煤是由植物變化而成的。由植物到煤是自然界一個複雜的變化過程，牽涉到生物學、化學和地質學多方面的問題。除了極少數的例外，煤是由陸生植物變化而成的。如果把煤磨成光面或者做成透明的薄片，用顯微鏡來觀察，可以看到其中有些部分會顯出很清楚的植物組織，有時甚至還可以清晰地看出原來植物的細胞組織。

簡單來説，從植物到高級炭化的煤的變化過程，大體上可以分爲三個階段：從植物到泥煤的泥煤化階段，從泥煤到褐煤的以岩化作用爲主的階段，從褐煤經過各級烟煤以至無烟煤的煤變質階段。整個過程叫作成煤作用，後兩個階段又叫炭化作用。綜合以上所述，我們可以知道，煤是極其複雜的地球生物化學作用的產物，不同的原始質料，在不同的環境下，經過不同的變化階段，最後形成不同種類的煤，適合不同的用途。

中國古代對煤贊頌的詩句很多，比較有代表性的是《咏煤炭》這首詩。

咏煤炭

【明】于謙

鑿開混沌得烏金，藏蓄陽和意最深。
爝火燃回春浩浩，洪爐照破夜沉沉。
鼎彝元賴生成力，鐵石猶存死後心。
但願蒼生俱飽暖，不辭辛苦出山林。

這首詩的作者，是“力挽天傾衛華夏，粉骨碎身保大明”的于謙。他有許多傳唱千古的經典名句：“粉骨碎身渾不怕，要留清白在人間。”“樹堅不怕風吹動，節操棱棱還自持，冰霜歷盡心不移。”上文所寫“鑿開混沌得烏金”，意思是人們鑿開那混沌的地層，開采出來了“烏金”。烏金其實就是煤炭。於謙在這首咏物詩中描寫了煤炭的一生，煤炭通過燃燒自己給人們送去温暖，表達了對煤炭無私奉獻精神的贊美。由此看來，煤炭在古代人的生產生活中已是非常重要的燃料。

其實，即便是現在，煤炭這種能源依舊不可或缺。中國的煤炭資源總量在世界居於前列，僅次於美國和俄羅斯。對於我們國家而言，雖然新能源技術的蓬勃發展以及能源結構調整使得煤炭的價值大不如前，但煤炭的供應依然關係到我國工業乃至整個社會發展的穩定。怎樣進一步掌握自然界規律，找出更多適用的煤來爲我們的工業建設和人類更美好的將來服務，是我們的重要任務。

考一考

煤炭屬於可再生能源還是非可再生能源？

26

天上無雲不下雨

導讀

“英英白雲浮在天，下無根蒂旁無連。”雲是常見的自然現象，它是大氣中的水蒸氣遇冷液化成的小水滴或凝華成的小冰晶所混合組成的漂浮在空中的可見聚合物。雲的形態千變萬化，有呈絲條、羽毛、馬尾狀的毛捲雲，有碎如棉絮團的絮狀雲，還有均勻成層的層雲，等等。“天上無雲不下雨”，長期的觀察和實踐表明，雲的產生和消散以及各類雲之間的演變和轉化，與雨、雪、冰、雹等天氣現象有着重要的關係。

降雨，是我們再熟悉不過的天氣現象，可是你知道降雨是怎樣產生的嗎？在古代，人們不瞭解雨水產生的原因，一旦發生了乾旱，祇能無助地祈求上天，拜祭龍王，希望神明能賜下雨水。

龍湫歌（節選）

【宋】陸游

去年大旱綿千里，禾不立苗麥垂死。
林神社鬼無奈何，老龍欠伸徐一起。

陸游在詩中就體現了這種無奈，在大旱千里、禾死苗枯時，老百姓衹能寄希望於龍神降雨。但是在現代，隨着近代氣象科學的發展，氣象學家們已經逐漸發現降雨背後隱藏的科學道理，總結出降雨的規律。現在我們不僅能够準確地預報出近期天氣情況，甚至可以在小範圍内對降雨進行影響。

氣象專家易仕明早在1962年4月號《科學大衆》雜志上就對雲雨的形成進行了詳細的解讀，闡釋了雲與降雨的關係。天上的雲是水汽在空中形成的小水滴和小冰晶。人們用肉眼是看不見水汽的，但是水滴和冰晶能反射太陽光，所以能被看到。

水汽凝結成水滴，必須要求空氣中的濕度和温度能使其飽和或者過飽和。當空氣温度降低的時候，比較容易達到飽和發生凝結。在大氣中，空氣上升時要膨脹，膨脹就會使温度降低。通常乾空氣每上升100米，温度就要下降約1 ℃，所以説空氣上升冷却是自然界形成雲的主要原因。但是，如果空氣過濾得很乾净，即使是温度降低，達到飽和，也很難有水汽凝結。這就證明雲滴的凝結，衹有“飽和”這個條件還不够，必須要有作爲凝結核心的塵埃雜質，這些雜質叫作凝結核，如工廠的烟、飛濺起的海水細沫蒸發後留在空中的鹽粒等吸水物質，都是很好的凝結核。

雲中的冰晶與凝結的水滴混合在一起後，會很快長大。這是因爲在同等温度下，過冷水的水分子比冰晶裏的水分子要自由一些。也就是説水分子跑出水面的機會更多，所以，當冰晶和水滴混合在一起，水滴的水汽更容易在冰晶上發生凝結，這樣就會使冰晶很快長大成雪花。冰晶變成雪花後降落。在冬天，落到地面而成雪；在夏天，當雪花落到低層時，因温度在零度以上而變成雨。所以，即便是在炎熱的夏天，很多情况下，也都必須變成冰雪階段纔能形成降雨。數據表明，在自然界-12 ℃起作用的成冰核比較多，所以人們也會把雲頂温度能都達到-12 ℃作爲降雨條件，但是實際上往往有所出入，這可能與成冰核的數量和種類在不斷變化有關，大自然神奇之處也在於此吧。

現代技術迅猛發展，人們已經能够用人工手段在雲中增加冰晶或者是巨型的凝結核，使不下雨的雲下雨——這就是人工降雨。人工降雨常使用乾冰，乾冰是固態的二氧化碳，在−78.5 ℃和環境大氣壓下會升華成爲比固體體積大600～800倍的氣體二氧化碳。使用時把乾冰碎成豆大的顆粒，用飛機撒在過冷却的雲中，在乾冰粒經過的路程上空氣溫度降到很低，會産生很多細小的冰晶。雲中産生了冰晶後，很快擴散開來，在過冷却水雲中長大，開始了降雨過程。不過，乾冰有個問題就是儲存和運輸不便，很容易揮發成二氧化碳氣體跑掉，所以人們現在也常采用碘化銀、碘化鉛等物質作爲人工冰核，開展人工降雨。

考一考

乾冰在生活中還有哪些應用？

27

科學解夢

導讀

對於夢的作用有許多種説法，比如：做夢能消除疲勞緩解壓力，做夢是爲了實現現實中無法滿足的願望，或是整理收集到的情報，鞏固記憶，等等。近些年，關於夢的模擬學説和演練學説備受矚目。所謂模擬學説，是指夢中經歷過的危險和困境，當現實中真正發生時，人們就能從容應付。比方説，做夢從高樓上摔下，或是被怪獸襲擊，這也許就是爲現實做準備。至於演練學説，有人認爲夢境原本是爲適應石器時代惡劣的生活環境而產生的機能。

人爲什麼會做夢？夢是怎樣形成的？人入睡後，會先從淺度睡眠漸漸進入到深度睡眠；大約一小時後，睡眠又會慢慢變淺，進入到半夢半醒的快速眼動睡眠狀態。在快速眼動睡眠期，人的肌肉放鬆，身體變得無法動彈，眼睛雖然閉着，眼球却和醒着一樣，可以轉動，所以這一時期又被叫作“眼動睡眠”期。眼動睡眠期和做夢有很大的關係，如果你看到有人睡覺，眼皮在微微顫動的時候，你把他叫醒，他多半會告訴你，他正在做夢！

與現代學説相比，古人對夢的解讀似乎更爲浪漫。

望月懷遠

【唐】張九齡

海上生明月，天涯共此時。
情人怨遥夜，竟夕起相思。
滅燭憐光滿，披衣覺露滋。
不堪盈手贈，還寢夢佳期。

“不堪盈手贈，還寢夢佳期。”詩句的意思是不能把美好的月色捧給你，衹希望能够與你在夢中相見。詩人覺得現實中見不到自己的親人，所以希望通過做夢的方式與思念的人相會。我們祝願詩人在那個晚上，真的夢見了和親人團聚。但更多的可能是，他没有夢到親人，或者即使夢到了，醒來也不小心忘掉了。一般來説，每1.5小時左右人們就會出現一次眼動睡眠期，所以，每天晚上你會有4～5個不同的夢境相伴。看到這，不少讀者朋友就會跳出來反對了：我晚上睡覺從不做夢！其實并非如此，每個人晚上都會做夢，衹是醒來後，有些人還記得自己的夢，而有些人怎麽也想不起來自己的夢了。

1. 夢是彩色的嗎？

目前還不是十分清楚，但如果將夢境考慮爲記憶再現的話，所有的夢應該都是彩色的。認爲做了黑白的夢，這可能是没有準確回憶出夢的内容。

2. 動物也會做夢嗎？

如果説快速眼動睡眠相當於做夢，那麽有着快速眼動睡眠的鳥類和哺乳類動物也會做夢。就是説，寵物狗和猫都會做夢。

3. 長大後做夢會越來越少嗎？

如果説快速眼動睡眠相當於做夢，那麽答案是肯定的。一天中快速眼動睡眠時間在兒童期是最長的，隨着年齡的增大，這時間會漸漸縮短。許多上了年紀的人説“基本上不做夢”，就是因爲這個原因。

考一考

“日有所思，夜有所夢”是真的嗎？

28

火星，中國來了

導讀

2020年7月23日，中國“天問一號”探測器成功發射。“天問一號”這個名稱源自屈原的長詩《天問》，表達了中國人對真理追求的堅韌與執着，寓意探求科學真理征途漫漫，追求科技創新永無止境。這次星空之旅，它所要拜訪的對象就是地球的鄰居——火星。

火星，又名熒惑，是太陽系八大行星之一，屬於類地行星。火星地表的土壤裏有一種紅色的礦物叫赤鐵礦（氧化鐵），所以火星整體呈橘紅色。中國古人認爲火星“熒熒似火，行踪捉摸不定”，所以，還給它起個名字叫“熒惑星”。火星和地球一樣，都圍繞着太陽公轉，它的軌道在地球軌道的外面，所以它繞太陽轉一圈，要比地球繞太陽一圈的時間更長，需要687日，幾乎是地球的兩倍。

兩千多年前，屈原在長篇詩作《天問》中發出這樣的疑問：

天問（節選）

【戰國】屈原

圜則九重，孰營度之？惟兹何功，孰初作之？
斡維焉繫？天極焉加？八柱何當？東南何虧？
九天之際，安放安屬？隅隈多有，誰知其數？
天何所沓？十二焉分？日月安屬？列星安陳？

“日月安屬？列星安陳？”日月天體如何連屬？衆星在天如何置陳？兩千多年後，中國航天事業正在用實際行動去不斷地探求這些問題的答案。

“天問一號”火星探測任務是我國行星探測階段的首次任務，也是我國深空探測領域全新的里程碑，有望一次實現對火星的“環繞、着陸、巡視”三個目標。按照計劃，“天問一號”探測器由長征五號運載火箭送入地火轉移軌道，飛行約7個月抵達火星。經歷火星捕獲、火星停泊後，着陸巡視器與環繞器分離，進入火星大氣。着陸巡視器成功着陸後，火星車駛離着陸平臺，搭載的科學載荷開機，開始對火星的表面形貌、土壤特性、物質成分、水冰、大氣等方面進行科學探測。火星車將在火星表面工作90多天，除了探測作業外，還會將它在億萬公里之外的所見所聞傳回地球，幫助我們認識火星、瞭解火星。

有人可能會問，我們爲什麼要探測火星？這主要是因爲火星與地球有許多相似之處。在太陽系，火星的自然環境與地球最爲接近，兩者組成結構也大致相同，有核、幔、殼。火星與地球有着相似的自轉周期，約爲24小時37分鐘，自轉軸也是傾斜的，因此它和地球一樣，也有四季更迭。此外還有諸多證據表明，火星上可能曾經存在過大量的水。火星與地球有如此多的共同點，對它進行探測研究，能够對瞭解地球的發展演變起到參考作用。并且從長遠來看，火星或許可能成爲一個人類移民居住的新家園。

爲了更加深入細緻地瞭解火星，人類或人類的探測器衹有“身臨其境”，纔能一步步地揭開它的神秘面紗。而我們中國的“天問一號”，就肩負着這樣的使命。

考一考

如果火星上有“外星人”，你最想問“他”什麼問題？

29

大雪過後，小心雪盲症

導讀

2008年1月13日，一場五十年一遇、持續而嚴重的雪災襲擊了四川甘孜州石渠縣，從1月13日到2月29日，這段時間對於石渠縣來説是災難性的。大雪致使全縣交通受阻、斷電缺水、糧草緊缺、牲畜死亡，令人最爲揪心的是，國家二級保護動物藏原羚也開始大量死亡，據不完全統計，藏原羚死亡達到5 000多隻。

這些藏原羚是凍死的？餓死的？還是被其他動物咬死的？一時間，人們對藏原羚死亡的原因衆説紛紜。結果出乎意料，經過當地農林部門確認，這些藏原羚是得了雪盲症死亡的。由於積雪很厚，太陽一出來，照在雪地上反射出强烈的陽光，導致這些藏原羚的眼角膜被燒壞，它們看不見任何東西，没有能力尋覓食物，就這樣被活活餓死！

雪後天晴、陽光燦爛的白天，當你置身於冰天雪地中，會有刺眼的感覺，繼而可能出現結膜充血、眼瞼痙攣、視物不清，且伴有怕光、流泪、疼痛等症狀。嚴重時眼前可出現黑影，甚至發生短時間失明現象。人們把陽光下雪對眼睛的這種傷害叫雪盲。

其實，“雪盲”這種叫法并不確切，因爲雪本身不會對人眼造成視力障礙，而是陽光中的紫外綫會對人眼産生傷害。

紫外綫是波長爲10nm～400nm的不可見光，它最接近可見光的紫色波段，所以被稱爲“紫外綫”。人的眼睛對紫外綫很敏感，强烈的紫外綫照射會引起角膜上皮細胞脱落，結膜充血水腫，從而損傷眼睛。因此，稱“雪盲”爲日光性眼炎更爲確切一些。

爲什麼雪天時容易發生紫外綫傷害眼睛的情况呢？我們知道，白色物體的反照率是比較大的，白雪也不例外。它對太陽光的可見光部分，反照率在90%以上，隨着波長的减小，反照率將越來越大，幾乎接近於100%。這就是説，雪對處於太陽光短波部分的紫外綫具有强烈的反射作用。尤其是在天空雲量很少、太陽高度角較高的情况下，這種反射就越强烈，因而就越容易引起雪盲。

一般來説，雪盲的一些症狀會自行好轉消失，輕者幾個小時，重一點1～2天後即可痊愈。如果出現雪盲，可用冷敷來减輕疼痛，點抗生素眼藥水和服消炎藥可防止繼發性感染，嚴重者應及時前往醫院治療。

預防雪盲的方法比較簡單。在冰天雪地裏活動時，特别是在空氣稀薄的雪山高原上工作的人們，衹要戴上能有效吸收紫外綫的有色眼鏡，一般都會有良好的預防效果。如果你没戴有色眼鏡，臨時應急，那就放低帽檐、眯着眼睛，可减少紫外綫的刺激，也會有一定的預防作用。

古人也許不知道雪盲症的科學原理，但他們已經知曉積雪會影響到人的視覺。《夜雪》是唐代詩人白居易創作的一首五言絶句，在這首詩中，就隱含着二者之間的聯係。

夜　雪

【唐】白居易

已訝衾枕冷，復見窗户明。

夜深知雪重，時聞折竹聲。

這首詩先從人的感覺寫起，通過“冷”不僅點出有雪，而且暗示雪大，再從視覺的角度進一步寫夜雪。夜深却見窗明，正説明雪下得大、積得深，是積雪的强烈反光給暗夜帶來了亮光。

考一考

白居易在五言絶句《夜雪》中描寫了寒冷的夜晚下着大雪的場景：“已訝衾枕冷，復見窗户明。”明明夜已經深了，爲什麼詩人還會覺得窗外一片明亮呢?

30

泡湯，非現代人獨享

導讀

温泉是泉水的一種，是從地下自然涌出的，泉口温度顯著高於當地年平均氣温的天然泉水。由於各地所處的氣候、緯度及海拔高程不同，温泉的温度很難統一。現在有很多人工打井，一般在600米～2 000米，用深水水泵抽取地下水，水温一般在20度以上，富含多種有益礦物質，也叫温泉井。

如果問中國古代最有名的温泉在哪？估計很多人都會説在華清池。華清池位於陝西省西安市臨潼區驪山北麓，西距西安30公里，南依驪山，北臨渭水，是以温泉湯池著稱的中國古代離宫。歷史文獻及考古發掘的資料證明，華清池具有約6 000年的温泉利用史和約3 000年的皇家園林建築史，悠久的歷史使它成了古往今來多個王朝興衰更迭的見證者，也引來無數的文人雅士競相吟咏，宋代詩人王安石的《湯泉》便是其中的名篇佳作。

湯　泉

【宋】王安石

寒泉詩所咏，獨此沸如烝。一氣無冬夏，諸陽自廢興。

人游不附火，蟲出亦疑冰。更憶驪山下，歆然雪滿塍。

首聯，詩人以《詩經》中的“寒泉”引出温泉，通過“寒”“沸”進行對比，來凸顯温泉的熱；頷聯和頸聯承接上文，寫温泉的温度不分季節，不分朝代，詩人巧用“夏蟲不可以語冰”的典故，將“夏蟲”換成了“冬蟲”，連冬蟲都“不可語冰”，可見這温泉是多麽暖和；尾聯，詩人通過聯想到唐朝的華清宫，來批判唐玄宗沉迷享受，荒廢國政，感嘆朝代的興衰和歷史的變遷。

如此奇妙的温泉，到底是怎麽形成的呢？温泉的成因，一般而言可分兩種。一種是地殼内部的岩漿作用或是火山噴發伴隨而成。火山活動過的死火山地形區，其地底下還有未冷却的岩漿，會不斷地釋放出大量的熱能，把水加熱形成温泉，這類温泉大多是硫酸鹽泉。二是受地表水滲透循環作用所形成。當雨水降到地表向下滲透，深入到地殼深處的含水層形成地下水，地下水受下方的地熱加熱成爲熱水，深部熱水多數含有氣體，這些氣體以二氧化碳爲主。當熱水温度升高，上面若有致密、不透水的岩層阻擋去路，會使壓力愈來愈高，以致熱水、蒸氣處於高壓狀態，一有裂縫即竄涌而上，隨着熱水源源不絶涌升，最終流出地面，形成温泉。這種原因形成的温泉多爲碳酸鹽泉，大部分出現在山谷中。

泡温泉有諸多好處，可以使肌肉、關節鬆弛，消除疲勞；還可以擴張血管，促進血液循環，加速人體新陳代謝。温泉水中自然的礦物質等成分，對人體也有一定的幫助。但是，泡温泉也不是人人都適宜。温泉的温熱作用會使心跳加速、血壓升高，有心臟病、高血壓或身體不適的人，不宜泡温泉。

考一考

温泉水中常常能够聞到硫黄的味道，這是爲什麽？

31

熬夜的最高境界——把鷹熬死?

導讀

《睡眠與生物節律》雜志刊登的一項研究發現，睡覺太晚更容易做噩夢。研究中，土耳其科學家調查了264名大學生的睡眠習慣，并利用睡夢焦慮指數測量了其噩夢發生頻率。結果發現，習慣熬夜的參試者睡夢焦慮指數平均達到2.10，習慣早睡的參試者衹有1.23。另外，研究人員對近4 000人的網上調查發現，在20多歲的女性中，熬夜與噩夢存在正比例關係。

現代人好像已經習慣：熬最深的夜，吃最貴的補品，用最好的面膜。“開夜車”已經成爲一種時尚。特别是咱們中學生，不熬個夜，仿佛没有好好學習一般。古代人也會這樣嗎？咱們來看看宋代詩人葉紹翁的一首作品。

夜書所見

【宋】葉紹翁

蕭蕭梧葉送寒聲，江上秋風動客情。
知有兒童挑促織，夜深籬落一燈明。

“知有兒童挑促織，夜深籬落一燈明”一句描述了家中幾個小孩夜深人静了仍亮着燈不肯睡覺，還在興致勃勃地鬥着蟋蟀。小孩子這樣熬夜對身體好嗎？答案是否定的。熬夜會給孩子帶來不少危害。

首先是影響身體發育。夜晚特別是晚上11點至凌晨2點這段時間是生長激素分泌的高峰期，如果此時孩子没有處在深度睡眠的狀態，就會影響生長激素的分泌，容易長不高。其次，會使孩子的免疫力減弱。孩子熬夜的同時，他們的身體器官同樣也在熬夜。如果身體器官在比較累的情況下得不到正常休息，身體的細胞、組織的正常運行就會受到影響，身體的抵抗力、免疫力就會減弱。再次，影響孩子的智力水平。孩子熬夜的時候，腦細胞得不到休息調整就會影響大腦的發育，進而影響智力水平。常見表現就是孩子總是無精打采；有的時候還會忘事，記憶力衰退；做事情心不在焉；上課時注意力不集中，影響學習成績。最後是影響視力。不管是學習還是打游戲娛樂，都需要使用眼睛，熬夜也就意味着眼睛一直處於超負荷的工作運轉狀態。如果人眼得不到及時休息，就會出現疼痛、乾澀等問題。對於眼睛發育尚未成熟的孩童，還容易產生近視，早早地戴上近視眼鏡。

其實，孩子熬夜很大一部分原因來自父母。許多成年人，特別是一些做家長的，由於工作、情緒等原因把熬夜常態化。父母是孩子學習模仿的對象，如果家長自己不以身作則，不遵守作息規律，不營造良好的家庭睡眠環境，孩子潛移默化地養成熬夜習慣也就在所難免了。

在一部喜劇裏有這樣的劇情，主角們在熬夜這個領域達到了最高境界，竟然把鷹都給熬死了。雖然影片博得大家一笑，但是現實生活中，同學們可千萬不要學習。“日出而作，日落而息”，老祖宗留下的金玉良言是有道理的。長期熬夜造成的身體機能下降，可不是一時半會就能恢復的。夜晚休息好，白天纔能精力充沛地完成學業。

考一考

非熬夜不可的時候，應該多吃一點飽含維生素的蔬菜水果。這種説法正確嗎?

32

一寸光陰一寸金

導讀

中國古代，人們很早就發明了計時的工具。公元前1300～前1027年，中國殷商時期的甲骨文已有使用圭表的記載。《詩經·國風·鄘風·定之方中》中也有“定之方中，作於楚宮。揆之以日，作於楚室……”的描述。古代計時工具主要有兩大類：一類利用流體力學計時，有刻漏和後來出現的沙漏；一類采用機械傳動結構計時，有渾天儀、水運儀象臺等。此外，還有應用天文原理（根據日影方嚮測定時間）計時的日晷，它也是中國最古老的計時器之一。

“一寸光陰一寸金，寸金難買寸光陰。”在古代，人們很早就意識到時間的重要性，流傳下來許多珍惜時間的故事，像“頭懸梁”“錐刺股”“囊螢映雪”“鑿壁偷光”等，都是古人抓緊時間發憤圖强的典範。宋代理學家朱熹也曾寫下一首讓人惜時的著名詩篇：

偶　成

【宋】朱熹

少年易老學難成，一寸光陰不可輕。
未覺池塘春草夢，階前梧葉已秋聲。

全詩通過夢未醒、梧葉已落來比喻光陰轉瞬即逝，告誡青年人青春的日子容易逝去，學問却很難成功，所以每一寸光陰都要珍惜，不能輕易放過。

古人如此地愛惜時間，可你有沒有想過，他們是怎麼把控時間的呢？畢竟沒有現代的鐘錶，他們是如何計時的？其實，古代有非常多的計時工具，有“立竿見影，視影知時”的圭表，有“燒燭知夜，刻燭驗更”的香鐘，有“孔壺爲漏，浮箭爲刻”的漏刻，還有“弦輪密運，機巧精妙”的水運儀象臺。下面，我們就挑幾種常見的計時器瞭解一下。

一是圭表。圭表是度量日影長度的儀器，由“圭”和“表”兩個部件組成。其中，正南正北方嚮平放的測定表影長度的刻板，叫作“圭”；直立於平地上測日影的標杆或石柱，叫作“表”。當太陽照射着表的時候，圭上就會出現表的影子，根據影子的方嚮和長度，不僅能讀出對應時間，還能讀出時令和季節的變化。

二是日晷。日晷是運用太陽的位置來測量時間的一種設備，由一根接收太陽投射產生影子的指標、晷面（指標的投影面）和晷面上的刻度綫組成。根據日影的位置，以指定當時的時辰或刻數，是我國古代較爲普遍使用的計時儀器。

三是漏刻。漏刻由漏壺和標尺兩部分構成。漏壺用於泄水或盛水，前者稱泄水型漏壺，後者稱受水型漏壺；標尺用於標記時刻，使用時置於壺中，隨壺内水位變化而上下運動。使用時，首先在漏壺中插入一根刻有時刻的標杆，稱爲箭。箭下以一隻箭舟相托，浮於水面。當水流出或流入壺中時，箭杆相應下沉或上升，以壺口處箭上的刻度指示對應時刻。

四是沙漏。沙漏的使用原理與漏刻大體相同，它是根據流沙從一個容器漏到另一個容器的時間來計量時間。因漏刻冬天水易結冰，所以改用流沙替換。

考一考

現代機械手錶的動力來自哪裏？

33

沙塵暴百害而無一利？

導讀

2021年3月14日至15日早晨，中央氣象臺監測顯示，我國北方多地出現揚沙或浮塵，河北北部、山西北部、内蒙古中西部、甘肅西部等地出現沙塵暴，局地出現能見度不足500米的强沙塵暴。北京市生態環境監測中心3月15日9時發布的空氣質量數據顯示，北京PM10在2 000微克每立方米以上，城六區PM10濃度爲8 108微克每立方米，大部分地區能見度爲300米～800米。

氣象衛星估算，可視的沙塵區面積約爲46.6萬平方千米，是近10年我國遭遇强度最大、範圍最廣的一次沙塵天氣過程，已達到强沙塵暴級别。

——來源：新華網

沙塵暴是强風從地表上携帶大量塵土和礦物顆粒，使水平能見度小於1 000米的災害性天氣現象。形成沙塵暴需要具備三個條件：一是地表存在乾燥的沙塵物質；二是要有大風作爲動力保證；三是要有不穩定的空氣狀態。

早在唐代，詩人李益在《度破訥沙（其一）》中就對沙塵暴進行了描述。

度破訥沙（其一）

【唐】李益

眼見風來沙旋移，經年不省草生時。
莫言塞北無春到，總有春來何處知。

“眼見風來沙旋移，經年不省草生時。”塞北大風怒號，地上的黄沙被捲起漫天飛旋，身處此地，怕是常年都看不到草木生長吧。

從李益筆下的這段詩句可以得知，沙塵暴自古就有，并且常發生在我國北方地區，特别是一些乾旱區。我國史書上就有3 000多年前西北地區發生“黄沙”“黄霾”的記録。

現代科學家通過測定深海岩芯和冰蓋沉積物，發現沙塵暴早在地球的白堊紀（距今約7 000萬年）就有出現的迹象。

看來把沙塵暴的産生完全歸咎於人爲因素是不正確的，衹能説人類對環境的破壞導致了沙塵暴天氣的頻發。

此外，從詩句中還能看出，沙塵暴會影響能見度。現代氣象學將沙塵天氣劃分爲5個等級，它們由弱到强依次是浮塵、揚沙、沙塵暴（水平能見度小於1 000米）、强沙塵暴（水平能見度小於500米）、特强沙塵暴（水平能見度小於50米）。

沙塵暴的危害衆人皆知，如威脅人體健康、影響人們的生産生活、造成環境污染。

其實，沙塵暴在地球自然生態系統中也會發揮一些積極作用。比如，沙塵氣溶膠中含有鐵離子，鐵離子有助於植物的生長，南美洲的亞馬孫熱帶雨林就得益於此而變得鬱鬱葱葱。

再比如，沙塵暴能緩解地區酸雨的影響，這是因爲沙塵暴多起於乾燥的碱性土地，它會携帶一些碱性物質，降低大氣中酸雨的酸化作用。但是，這不能改變沙塵暴弊大於利的事實。如果我們在生活中碰到它，還是需要做好必要的防護措施。

考一考

如果在室外遭遇沙塵暴天氣，可以采取哪些防護措施？

34 寒山寺的鐘聲爲何能“到客船”?

導讀

聲音的“三要素”是指聲音的三個特性：響度、音調和音色。響度（音量）是人耳對聲音强弱的主觀感覺，和聲波振動的幅度有關。一般説來，聲波振動幅度越大則響度也越大。

音調是人耳對聲音高低的感覺。音調主要與聲波的頻率有關。聲波的頻率高，則音調也高。

音色，又叫音品，它反映了每個物體發出的聲音特有的品質。

我們生活的世界充滿了各種各樣的聲音，枝頭上鳥兒的鳴叫聲、教室裏學子的讀書聲、山間清泉的水流聲、建築工地的轟鳴聲等。中國古代的很多詩歌裏，也充滿了“聲音”。

楓橋夜泊

【唐】張繼

月落烏啼霜滿天，江楓漁火對愁眠。
姑蘇城外寒山寺，夜半鐘聲到客船。

此詩精確而細膩地描述了詩人泊舟楓橋時對江南深秋夜景的觀察

和感受，勾畫了月落烏啼、霜天寒夜、江楓漁火、孤舟客子等景象，有景有情，有聲有色。“姑蘇城外寒山寺，夜半鐘聲到客船。”姑蘇城外那寒山古寺，半夜裏敲響的鐘聲傳到了客船這裏。寒山寺在城外，想必與詩人所在的客船之間有段不小的距離。那麼鐘聲爲什麼在半夜裏能傳這麼遠呢?

我們知道，夜晚城市聲音的嘈雜程度遠低於白天。在噪音變小甚至没有的情況下，人自然就更容易聽到并分辨出遠處的聲音。另外，由物體振動産生的聲音，其傳播不僅受傳播介質的影響，還與温度有關。空氣中温度分布是不均匀的，聲音受空氣温度的影響并不是直綫傳播，而是會發生折射，主要表現由温度高的地方嚮温度低的地方折射。白天地面温度高，高空温度低，“上冷下熱”的狀態使得聲音在傳播時折向上空，因此地面就不容易聽到聲音；到了晚上地面失去太陽輻射而冷却，地面温度也就變得比高空温度低，“上熱下冷”的狀態使得聲音在傳播時折向地面，所以地面容易聽到遠處的聲音。

考一考

一般情況下，聲音在不同介質中的傳播速度是固體>液體>氣體嗎?

35 古代軍人的護身衣——鎧甲的發展史

導讀

中國古代最重的鎧甲是宋代的步人甲（步兵鎧甲）。根據《武經總要》記載，北宋步人甲由鐵質甲葉用皮條或甲釘連綴而成，屬於典型的札甲。根據宋紹興四年（1134）的規定，步人甲由1825枚甲葉組成，總重量達29千克，可通過增加甲葉數量來提高防護力，當然重量也會進一步上升。爲此，皇帝親自賜命，規定步兵鎧甲以29.8千克爲限。

在古代，戰争并不少見。身處萬人廝殺的戰場，四處都是刀光劍影，箭矢横飛，如何纔能更好地保護自己，提高生存概率呢？古人們想到了一個好辦法，那就是使用鎧甲。

從軍行（其四）

【唐】王昌齡

青海長雲暗雪山，孤城遥望玉門關。
黄沙百戰穿金甲，不破樓蘭終不還。

“黄沙百戰穿金甲，不破樓蘭終不還。”鎮守邊關的將士們身經百戰，鎧甲早已磨穿，但依舊壯志不滅，不打敗進犯之敵誓不返回家鄉。在這首詩裏，戰士們穿戴的是金甲，金甲是什麽樣的鎧甲呢？下面，我們來瞭解一下中國古代的鎧甲。

中國古代鎧甲，由於材料、保存等方面的原因，能够完整保存至今的很少，大部分衹能根據史籍和出土的零碎部件來推測研究。鎧甲的雛形可追溯到原始社會，當時還是以藤、木、皮革等天然原料製造的簡陋護體裝具。

商周時期，人們按照人體防護部位的不同，把皮革裁製成大小不同、形狀各异的皮革片，把兩層或多層的皮革片合在一起，表面塗漆，製成牢固、耐用、美觀的甲片，之後將甲片穿孔并用繩子編聯，從而製成可以部分活動的皮甲。這種經過改製的皮甲在車戰中與盾相配合，可以有效地防禦敵方青銅兵器的攻擊。戰國後期，鋼鐵兵器逐漸用於戰争，鐵製鎧甲開始出現。到了漢朝，鐵鎧逐漸取代了皮甲。西漢時期的鐵鎧經歷了由粗至精的發展過程，從較大長條形甲片編的札甲，逐漸發展爲較小甲片編的魚鱗甲；從僅僅保護胸、背部位，發展到加有肩臂和腰胯部位的保護。隨着鋼鐵加工技術的進步，鎧甲的精堅程度日益提高，類型也日益繁多，其防護身軀的部位越來越全面，功能日益完備。到三國時期已出現了一些新型鎧甲。在曹植的《先帝賜臣鎧表》中，列有黑光鎧、明光鎧、兩當鎧、馬鎧等多種款式。南北朝時期，隨着重甲騎兵的發展，適於騎兵裝備的兩當鎧極爲盛行。北魏以後，明光鎧日益盛行，逐漸成爲鎧甲中最重要的類型，直到後來的隋唐時期仍是如此。到了宋朝，鎧甲已發展得相當完善并形成了一定製式，但是火器在戰場上的應用使得鎧甲的防禦效果大大削弱。至此鎧甲開始逐漸衰落。

考一考

《長安十二時辰》裏展現了唐十三鎧，其外觀華美，制作考究。你能説出其中一種鎧甲類型嗎？

36

紅燈禁行，有道理！

導讀

紅綠燈的起源可追溯到19世紀的英國。英國機械師德·哈特在1868年設計了紅、綠兩色的煤氣交通信號燈，由一名手持長杆的警察通過牽動皮帶來轉換燈的顏色，可惜這盞燈衹用了23天，原因是煤氣燈突然爆炸，警察殉職。之後，1914年，克里夫蘭市率先恢復交通信號燈，隨後紐約、芝加哥等城市也開始出現，美國人還完善了信號控制系統。

而黃燈的發明更是傳奇。我國的胡汝鼎懷着"科學救國"的抱負到美國深造，他還曾是愛迪生的高徒。一天，他在綠燈轉紅燈時正要過馬路，一輛轉彎的汽車"呼"地擦身而過，嚇得他一身冷汗。"不能這樣客死异鄉呀！"驚魂未定的他回到宿舍，反復琢磨，終於想到在紅、綠燈中間加上一個黃色信號燈，提醒人們注意危險，就這樣，黃色信號燈"瓜熟蒂落"。

紅燈停，綠燈行，這是兒童都知曉的交通信號知識。這個生活當中最常見的運用蘊含了怎樣的科學原理呢？我們結合下面這首詩來研究一下。

暮江吟

【唐】白居易

一道殘陽鋪水中，半江瑟瑟半江紅。
可憐九月初三夜，露似真珠月似弓。

這首詩中蘊含着豐富的物理知識。詩中“半江紅”指的是江水倒映出夕陽和晚霞的顔色。那麽，晚霞爲何呈現紅色呢？這是因爲陽光穿過大氣的時候，大氣中的水汽和塵埃對陽光有散射作用。英國科學家瑞利指出，散射光綫的强度與入射光綫波長的4次方成反比。可見光中，紅光波長最長，紫光波長最短。早晨和傍晚陽光穿過的路徑較長，波長短的黄、緑、藍、靛、紫光幾乎全部被散射了，能够透過的都是波長比較長的光，也就是我們看到的紅色光和橙色光。這正説明十字路口表示禁行的時候爲何用的是紅燈，就是因爲紅光波長很長，不容易被散射，在霧天也可以穿透很遠，使駕駛員、行人都能看清楚。

考一考

中國最早的紅緑燈出現在哪個城市？

37

偉大的宇宙

導讀

現代宇宙學認爲，宇宙起源於138億年前的一場大爆炸，最初的宇宙無限緊密，温度極高。隨着體積膨脹、温度降低，逐漸形成了原子核、原子、暗物質，經過100多億年的演變纔形成今天的宇宙。通過觀測發現，在整個宇宙中有幾千億個星系，這些星系有着集合現象。從集合的結構上看，就像是網狀的鏈條，這些鏈條成爲“星系長城”。2013年美國發現了一條長達13.7億光年的“史隆長城”，好像是星系組成的“巨墻”。

——趙之珩

在夏秋季節的夜晚，如果適逢天氣晴朗，我們站在一個比較開闊的地方，抬起頭，就可以看見天上有一條暗淡的光帶，光帶旁還點綴着一些若隱若現的亮星，那便是銀河了。

秋　夕

【唐】杜牧

銀燭秋光冷畫屏，輕羅小扇撲流螢。
天階夜色涼如水，卧看牽牛織女星。

中國古代的人們對銀河充滿了浪漫瑰奇的幻想。在古老的傳説中，織女和牛郎在平時都被銀河阻隔着，每年衹有在農曆七月初七，王母娘娘大發慈悲，允許喜鵲在銀河上搭起橋來，讓他們會面一次。這樣浪漫的故事在民間廣爲流傳。實際上，跨越銀河，哪能如童話般簡單呢！我們居住的銀河系，恒星無數，各有天地，老死不相往來。織女和牛郎不但每年不能聚會一次，恐怕永遠也不能够見面。

那麽，我們銀河系是不是物質宇宙的最大界限了呢？當然不是！咱們的銀河系也不過是這個偉大宇宙裏的“滄海一粟”而已。人類認知的宇宙究竟有多大呢？讓我們由近及遠地考察一下。

太陽是距離我們最近的恒星，太陽光從太陽發出來到達地球，需要8分多鐘的時間。太陽系所在的銀河系，有約等於1.5萬億個太陽質量的總質量。銀河系像一個漩渦狀的扁盤，自内向外分别由銀心、銀核、銀盤、銀暈和銀冕組成。銀河系是一個星系，它的中心距離太陽系約2.6萬光年，它的近鄰星系大麥哲倫星雲LMC，距離我們約16萬光年。

宇宙中一些星系之間的距離較近，因爲引力而聚合在一起，形成一個個星系團，或者叫“星系群”。離銀河系所在的星系團最近的一個星系團叫作室女座星系團，包含約2 500個星系，距離我們大約5 000萬光年。若干個星系團聚合在一起組成超星系團，超星系團包含的物質相當於太陽質量的1 015～1 017倍。雖然我們常説宇宙是廣闊無垠的，但是人類認知的宇宙是有限的，目前測量的地球到可觀測宇宙邊緣之間的真實距離約爲465億光年，即可觀測宇宙的直徑約爲930億光年。

在我們瞭解了宇宙的浩瀚之後，不得不感慨人類的偉大。在這個“小得可以”的地球上，在短短的幾百萬年歷史之内——也就是非常短暫的宇宙的一瞬間，人類用智慧創造了如此燦爛的文明。相信通過持續努力的發展，人類對宇宙的認知會不斷深入，宇宙的奧秘終會一步步地被我們揭開!

考一考

“光年”這個詞在天文學中經常出現，它是一個時間單位嗎?

38

爲什麽稱我國導航系統爲“北斗”？

導讀

北斗導航系統，簡稱BDS，是我國着眼於國家安全和經濟社會發展需要，自主建設、獨立運行的衛星導航系統，也是繼美國GPS、俄羅斯格洛納斯（GLONASS）之後的第三個成熟的衛星導航系統。北斗導航系統可在全球範圍内全天候、全天時爲各類用户提供高精度、高可靠的定位、導航、授時服務，并且具備短報文通信、星基增强、地基增强等能力，定位精度爲分米、厘米級别，測速精度0.2米/秒，授時精度10納秒。

2020年6月23日，北斗三號最後一顆全球組網衛星在西昌衛星發射中心點火升空。

2020年7月31日，北斗三號全球衛星導航系統正式開通。

我國的導航系統之所以用“北斗”來命名，是由於天文上北斗七星的存在。

北斗七星位於大熊星座，是北半球天空中的重要星象。北斗七星距離地球區間在78～124光年，由天樞、天璇、天璣、天權、玉衡、開陽和摇光七顆明亮的恒星組成，因七顆星的連綫形如古代舀酒的斗而得名。

在科學技術并不發達的古代，北斗七星對人們而言有着非常實用的價值。一方面，北斗七星會隨着季節的變換而變化，民間諺語這樣說道："斗柄指東，天下皆春；斗柄指南，天下皆夏；斗柄指西，天下皆秋；斗柄指北，天下皆冬。"也就是說，北斗七星雖然做不到像北斗導航系統那樣告訴人們精確的時間，但至少可以當作古人識別季節的標尺。

另一方面，從北斗七星的斗口方嚮延長5倍距離，就可以發現北極星。北極星因其位置永遠不變常被人們當作辨認北方的指標，具有指示方位的作用。換而言之，北斗七星就是人們尋找這個"指標"的指標。所以，北斗七星一定程度上可以幫助人們進行方嚮上的判斷、導航。我們的科學家設計和開發北斗導航系統的初衷，就是爲了讓導航更加便捷、精確。

在"詩聖"杜甫的筆下，有這樣一首詩：

秋興（其二）

【唐】杜甫

夔府孤城落日斜，每依北斗望京華。
聽猿實下三聲泪，奉使虛隨八月槎。
畫省香爐違伏枕，山樓粉堞隱悲笳。
請看石上藤蘿月，已映洲前蘆荻花。

在這篇七言律詩的首聯裏，作者就提及了"北斗"一詞。"夔府孤城落日斜，每依北斗望京華。"這句詩的意思是：夔州的高城上又迎來了落日，每當晚上北斗星出現的時候，我（杜甫）就按照它的方嚮來尋找京城的位置。

我們知道唐朝的京城是長安，也就是今天的西安。作者當時身在夔州，即今天的重慶奉節地區。從地理位置上看，西安基本上位於奉節正北方嚮。北斗七星的存在，可以幫助作者順利地找到北極星的位置，北極星的方嚮自然也是北方都城的方嚮了。

考一考

我國高度重視北斗衛星導航系統的建設發展，自20世紀80年代開始探索適合國情的衛星導航系統發展道路，形成了“三步走”的發展戰略。請你簡單對“三步走”發展戰略進行介紹。

39

會“變形”的月亮

導讀

2020年11月24日凌晨，由“長征五號”遥五運載火箭搭載的“嫦娥五號”探測器在中國文昌航天發射場成功發射，開啓了我國第六個月球探測任務。

“嫦娥五號”任務創造了五項中國首次：一是在地外天體的采様與封裝；二是地外天體上的點火起飛、精準入軌；三是月球軌道無人交會對接和様品轉移；四是携帶月球様品以近第二宇宙速度再入返回；五是建立中國月球様品的存儲、分析和研究系統。

2020年12月17日凌晨，“嫦娥五號”返回器携帶月球様品成功着陸，任務獲得圓滿成功。

“今人不見古時月，今月曾經照古人。”古往今來，月亮一直是人們在夜空中最常觀察的對象，它帶給我們最初始直觀的印象，莫過於其不斷“變化”的形狀。這一點在古人的詩句中有着清晰的體現：李煜在《相見歡》中説“無言獨上西樓，月如鈎”，殘月如鈎；李白在《古朗月行》中説“小時不識月，呼作白玉盤”，圓月如盤。月亮的形狀爲什麼會不斷地發生“變化”呢？

事實上，月亮之所以看上去形狀會有變化，主要與太陽、地球、月球三者的位置有關。月球發出的光其實是反射的太陽光。月球被太陽照射到的部分是明亮的，没有照射到的部分是黑暗的，所以説月球本身不會發生改變，改變的衹是我們在地球上所能看到的月球明亮部分的形狀。天文學中，對於在地球上看到的月球被太陽照明部分，稱爲月相。

農曆的每月初一，月球會運行到太陽與地球中間的位置，月球以它完全黑暗的一面對着地球，并且與太陽同升同落，因此我們無法看到它，此時的月相被稱爲“新月”。

初一之後到十五之前，月球會逐漸離開地球與太陽之間的區域，我們會看到月亮被太陽照亮的部分逐漸增大。

到了農曆十五、十六，月球運行到太陽的正面位置，即地球位於太陽與月亮中間時，月球以它完全明亮的一面對着地球，我們看到的月亮就像個大圓盤，這時的月相被稱爲“滿月”。

滿月之後，月亮開始“日漸消瘦”，最終又回到了新月。這就是月相的變化規律。

關於月相的描述，宋代文學家蘇軾寫過這樣一首詞：

水調歌頭

【宋】蘇軾

丙辰中秋，歡飲達旦，大醉，作此篇，兼懷子由。

明月幾時有？把酒問青天。不知天上宫闕，今夕是何年。我欲乘風歸去，又恐瓊樓玉宇，高處不勝寒。起舞弄清影，何似在人間。

轉朱閣，低綺户，照無眠。不應有恨，何事長向别時圓？人有悲歡離合，月有陰晴圓缺，此事古難全。但願人長久，千里共嬋娟。

月亮有時會圓如玉盤，有時會彎若鐮刀。在科技并不發達的古代，蘇東坡能够在詞中寫下“月有陰晴圓缺”這樣的千古名句，可見古代人民憑藉生產生活經驗的積纍，早已知曉月相的變化其實是有周期規律可循的，這也是我們祖先智慧的體現。

考一考

“可憐九月初三夜，露似真珠月似弓”出自白居易的《暮江吟》，這聯詩反映出當時的月相是什麽？

40

草色遥看近却無，是眼睛的魔術？

導讀

眼睛是人類重要的感覺器官，是人類觀察世界、瞭解世界的窗口。讀書認字、看圖賞畫、欣賞美景等都要用到眼睛。眼睛能辨别不同的顔色和光綫的亮度，并將這些信息轉變成神經信號，傳送給大腦。

不知你有没有過這樣的感受：春天，遠望路邊的楊柳，樹幹頂上似乎升起了一團團嫩緑的雲霧，隨着和煦的春風輕輕地在空中時而左，時而右，仿佛一組組緑色的團扇舞。然而，當你逐步走到樹下，却發現那一團團緑色不見了，衹能勉强地在淺褐色的枝條上找出低調得近乎隱身的緑色葉芽。

被尊爲“唐宋八大家”之首的文學家韓愈，就在詩中描寫出了這種感受。

早春呈水部張十八員外（其一）

【唐】韓愈

天街小雨潤如酥，草色遥看近却無。
最是一年春好處，絶勝烟柳滿皇都。

爲什麼“草色遥看近却無”了呢？似乎我們的眼睛在欺騙我們，其實這不僅和眼睛的結構有關，還和視力的進化適應有關。

人眼就是一個凸透鏡，但不是一個完美而單純的凸透鏡。當物體與一個完美凸透鏡的距離超過凸透鏡焦距的2倍時，來自遠方的物體表面的光綫經折射後，會匯聚在凸透鏡的焦點上，形成倒立、縮小的實像。這正是在人的眼睛上發生的事情：外部物體投過來的光綫經晶狀體折射後，聚焦在視網膜上。人眼這個凸透鏡的焦距是極小的，外部的物體基本都能滿足物距大於2倍凸透鏡焦距，成倒立、縮小的實像的要求。

同學們想一想，爲什麼必須在視網膜上成倒立、縮小的實像呢？因爲如果實像大於或等於原物體，我們的視網膜得長多麽大，這需要多麽大的一張臉纔能放得下！而爲了巨大的臉和眼睛，我們又需要多麽大的軀幹和四肢來支撑！

外部的物體不管多大，在視網膜上形成一個小小的倒立實像後，會被編碼成電信號，經視神經傳遞到大腦的視覺中樞，被大腦感知，形成視覺。在同樣的距離上，大的物體在視網膜上形成大的實像，小的物體形成小的實像，因爲大物體相對的兩個邊緣（上下或左右）之間與眼睛的夾角大，小物體的邊緣之間與眼睛的夾角小。

同樣大小的物體，當物體距離較遠時，物體邊緣與眼睛的夾角小，在視網膜上形成的實像小；當物體距離較近時，物體邊緣與眼睛的夾角大，在視網膜上形成的實像大。

不同大小的實像，占用的視覺細胞數量不同，所包含的像素也不同。大家愛用手機隨手拍，却未必能説清楚什麽是像素。簡單地説，像素就是一個畫面裏所包含的視覺元素的總數。像素高的圖片，細節清晰；像素低的圖片，細節模糊。這就是會出現“草色遥看近却無”的原因。

遠看，初春巨大的草地在視網膜上組成一個實像；近看，草地的某一個局部在視網膜上組成一個實像。

假設兩個實像一樣大，遠看時，綠色的小草和周圍的黃土可能共同占用一個視覺細胞。由於我們的眼睛對綠色更敏感，視覺細胞可能會在編碼電信號時，編碼爲綠色，這樣大腦就接受爲綠色。而近看時，綠色的小草和周圍的黃土可能會分開占用不同的視覺細胞，不同的視覺細胞爲小草和黃土編碼不同的電信號，於是我們的眼睛就看到了裸露的黃土，上面鑲嵌着綠色的小草。

考一考

請解釋一下像素、分辨率的含義分別是什麼。

41

好處多多的“茶”

導讀

柴米油鹽醬醋茶，號稱中國百姓家的開門七件事，七件事中有“茶”，可見其在國人心目中有着重要位置。中華茶文化源遠流長、博大精深，不但包含物質文化層面，還包含深厚的精神文明層次。唐代茶聖陸羽的《茶經》在歷史上吹響了中華茶文化的號角，從此茶的精神滲透宮廷和社會，深入中國的詩詞、繪畫、書法、醫學等領域。

中國人愛喝茶，不僅僅是受到茶文化的影響，更重要的是喝茶有着不少好處。

第一，茶是消暑解渴的絶佳飲品。人在口渴的時候飲用清茶，會感到滿口生津，清爽解渴，這是因爲茶本身主體是水，能够補充人體水分，茶湯中的茶多酚、氨基酸、皂苷等物質能促進人口腔唾液的分泌，并與唾液發生反應使人産生清凉之感。

第二，茶具有提神醒腦的作用。喝茶能够加快身體血液循環，促進新陳代謝，消除疲勞，這是因爲茶葉中含有一種叫咖啡碱的物質，咖啡碱能够使人的中樞神經系統興奮，從而讓人在學習工作中頭腦清醒，思維活躍。

第三，茶可以促進消化，減脂減肥。茶中的咖啡碱可以促進人的胃液分泌，增强胃動力，有助於食物的消化；茶中含有的葉酸、肌醇等維生素物質以及蛋氨酸等化合物，能够對脂肪產生一定的分解效果，具有良好的減肥作用。此外，茶還具有防輻射、預防齲齒口臭、明目美容、延緩衰老等諸多功效。在唐代詩人元稹的作品集中，就有一首詩描寫、贊美了茶。

一字至七字詩·茶

【唐】元稹

茶，
香葉，嫩芽。
慕詩客，愛僧家。
碾雕白玉，羅織紅紗。
銚煎黄蕊色，碗轉曲塵花。
夜後邀陪明月，晨前命對朝霞。
洗盡古今人不倦，將知醉後豈堪誇。

“洗盡古今人不倦，將知醉後豈堪誇。”從古至今人們飲茶，它那芬芳香氣讓人提神醒腦，消除疲倦，還有着解酒的奇效。看來關於茶的益處，元稹知曉頗多呢。不過，凡事都要講究適度原則。茶雖然好處多多，但也要注意不要過量飲用哦。

考一考

你認爲市面上的“減肥茶”能够減肥嗎？請給出你的理由。

42

走進喀斯特地貌

導讀

桂林是世界著名的風景游覽勝地，素有“桂林山水甲天下”的美譽，“山青、水秀、洞奇、石美”堪稱當地的“四絶”。

2014年6月第38届世界遺産大會上，以桂林爲首的中國南方喀斯特第二期項目申遺成功，成爲世界自然遺産，桂林山水榮登世界自然遺産名録。

所謂喀斯特地貌，是指具有溶蝕力的水對石灰岩進行溶蝕作用所形成的地表、地下形態的總稱，又稱岩溶地貌。其形成過程中除溶蝕作用以外，還包括流水的冲蝕、潛蝕以及塌陷等機械侵蝕過程。

喀斯特地貌主要發育在碳酸鹽類岩石，即石灰岩分布區。石灰岩的主要成分是碳酸鈣，在有水和二氧化碳時發生化學反應，生成可溶於水的碳酸氫鈣，於是岩石就會形成空洞并逐漸擴大。這種現象在南歐亞德利亞海岸的喀斯特高原尤爲典型，所以被稱爲喀斯特地貌。

喀斯特景觀種類繁多，一般分爲兩類：地表喀斯特地貌和地下喀斯特地貌。常見的地表喀斯特地貌有：石芽、峰叢、峰林等；常見的地下喀斯特地貌包括：溶洞（石筍、石鐘乳、石柱）、天坑等。

聞名中外的桂林山水就是典型的喀斯特景觀。唐代詩人韓愈在《送桂州嚴大夫同用南字》中有着生動的描寫：

送桂州嚴大夫同用南字

【唐】韓愈

蒼蒼森八桂，兹地在湘南。
江作青羅帶，山如碧玉篸。
户多輸翠羽，家自種黄甘。
遠勝登仙去，飛鸞不假驂。

桂林的江水清澈見底，江流蜿蜒不絶，宛如“青羅帶”；桂林的山蒼翠挺拔，山體突兀，如同“碧玉篸（zān）”。那麽，是什麽原因造就了韓愈筆下的這種桂林地貌呢?

原來，桂林地區在億萬年前是一片汪洋大海，海底沉積的大量石灰質形成了很厚的石灰岩。之後由於構造作用，該地區從海底抬升變成陸地，其岩性給喀斯特地貌的發育創造了地質條件。桂林地區雨量充沛，其地勢有利於地表水與地下水的富集，水中又含有大量的有機酸、無機酸，所以水體具有强流動性和强溶蝕力。

石灰質岩石的溶解不會形成大量泥沙，所以江水不會變渾濁。同時，水能將石灰岩的裂縫漸漸溶成空洞，加上不斷冲刷，空洞就不斷地擴大。當它們繼續擴大且彼此相通時，就會剩下孤立的殘柱，形成如老人、巨象、駱駝等形態萬千的奇峰怪石。

考一考

徐霞客曾在游記中形容哪個具有喀斯特地貌的名勝景色爲“青蓮出水，碧蓮玉笋世界”？

43

風從何而來?

導讀

風雖然看不見、聞不到，但是風是有力量的。當風“生氣”的時候，狂風大作，颱風、龍捲風，一個個都是惹不起的存在。當風“心情好”的時候，微風拂面、風和日麗、吹面不寒楊柳風……又讓我們感受到了自然界的美好。

同學們都知道，風是空氣流動而形成的，可又是誰給了空氣流動的力量呢?

意大利科學家托里拆利被譽爲第一個用科學的方式描述風的人。他寫道：“風產生於地球上的兩個地區的溫差和空氣密度差。”也許，同學們讀到這句話時，還不能理解其中的意思，那就先讓太陽和地球來幫我們解讀托里拆利的這句關於風的定義吧!

太陽：“我發出太陽光，照射着地球。白天，我照着地球的這一面，把地球表面的空氣照得熱乎乎的；晚上，地球自轉到另一面，照不到陽光的空氣冷却了下來。熱的空氣想往冷的空氣那裏跑，冷的空氣想往熱的空氣那裏鑽，這樣，空氣就流動起來了。所以，空氣流動的力量是我——太陽給的。”

地球：“太陽説得有道理，但是也不能忽視我地球的貢獻。我自轉，就是我轉圈圈時，便帶着地球表面的空氣一起轉圈圈。空氣轉圈圈，就有了風。還有，我有萬有引力，就是重力。我拉着空氣往地面上走，所以地面上的空氣多得擠在一起，密度大；高空中的空氣少得看不見彼此，密度小。空氣是自由的，總想待在不擁擠的地方。於是，空氣就從下面往上面跑。夏天時，地面更熱，地面附近的空氣也變熱了。空氣變熱後，氣體分子們誰也不願意挨着誰，就想往空氣少的高空上跑。空氣跑來跑去，就形成了風。所以，空氣流動的力量是我給的。再説了，我身上有高山，有盆地。高山上，空氣稀薄，留不住太陽光的熱量，山上比山下要冷，有的山峰終年白雪皚皚。空氣沿着山坡往上爬，順着山坡往下溜，跑來跑去，便會形成風。”

其實，太陽和地球説得都對，空氣流動的力量既是太陽給的，也是地球給的。對於風這種常見的自然現象，古人也有着不少觀察和體悟。唐朝詩人李嶠專門以《風》爲題作詩一首，描述了風的變幻莫測。

風

【唐】李嶠

解落三秋葉，能開二月花。

過江千尺浪，入竹萬竿斜。

蕭瑟的秋風將樹葉從大樹上紛紛吹落；温暖的春風在陽春二月催促着鮮花盛開；在遼闊的江面上，狂風捲起水花，掀起滔天巨浪；一陣疾風拂過碧緑的竹林，挺拔的竹子隨風東倒西斜。簡短的四句詩給同學們呈現了四幅具體、可感的畫面，生動而傳神地展現了風的魅力與威力。

考一考

除了上文的這首詩以外，你還知道哪些描寫風的古詩詞？

44

江水奔騰的背後——萬有引力

導讀

2021年4月29日，搭載着中國空間站天和核心艙的長征五號B遥二運載火箭，在我國文昌航天發射場點火升空。天和核心艙發射成功，標志着我國空間站建造進入全面實施階段，爲後續任務展開奠定了堅實基礎。

望着衝向蒼穹的長征火箭，我們在感到自豪的同時，腦海中可能會冒出這樣的疑問：火箭飛行的速度有多快？火箭的飛行速度是根據目標軌道而定的。發射至太陽同步軌道，火箭入軌時速度約爲7.6 km/s；發射至地球同步轉移軌道，火箭入軌時速度可以達到10.1 km/s；而發射至地月轉移軌道，火箭入軌時速度甚至可達10.8 km/s。那麼，爲什麼火箭需要達到這麼高的速度纔能飛入目標軌道呢？這和萬有引力有關。

説到杜甫，相信同學們已經誦讀過不少他寫的詩篇。杜甫在我國古典詩歌中的影響非常深遠，被後人稱爲“詩聖”，他的詩也被稱爲“詩史”。作爲杜甫詩作中的精品，下面這首《登高》也常被推舉爲七言律詩中的上乘之作，有“七律之冠”的美譽。

登　高

【唐】杜甫

風急天高猿嘯哀，渚清沙白鳥飛回。
無邊落木蕭蕭下，不盡長江滾滾來。
萬里悲秋常作客，百年多病獨登臺。
艱難苦恨繁霜鬢，潦倒新停濁酒杯。

公元767年，年過五十的杜甫親歷大唐由盛轉衰，個人生活也陷入困頓之中。一天，他獨自登上夔州白帝城外的高臺遠眺。在蕭瑟的秋風中，猿的叫聲顯得十分淒厲。水清沙白的河洲上，鷗鷺在飛舞盤旋。山坡上落葉飄零，遠處無邊無際的長江洶湧澎湃，滾滾而來。

眼前孤寂的秋江景色引發了詩人身世飄零的感慨，滲入了他老病孤愁的悲哀。於是，他藉景抒情，在詩中寫道：時世艱難，生活困苦，兩鬢長滿了白髮；衰老多病，又無奈志不得伸。本想藉酒澆愁，却又因病而不得不戒酒停杯。

在讀到"無邊落木蕭蕭下，不盡長江滾滾來"這兩句詩時，同學們有没有想過：爲何秋天的落葉最後總要落到地面上？爲何江水要往低處流？其實，這是因爲地球對樹葉、水存在萬有引力。地球質量大，樹葉和水的質量小，質量大的物體難以撼動，質量小的衹好屈身投靠。

長江水在地表上奔騰流淌，地球和江水之間的萬有引力好理解。可是，挂在樹上的葉片和地面不接觸，地球的萬有引力是怎樣隔空取物，讓樹葉落到地面上的呢？

原來，萬有引力通過引力場，讓兩個没有實際接觸、不挨着的物體之間産生了引力。在宇宙中，星體之間相距遥遠，却能通過萬有引力相互作用，藉助的就是引力場。

產生萬有引力的前提是物體有質量。質量，是討論萬有引力時非常重要的一個因素。物質的質量是由物質裏的原子種類和數量決定的。而不同的原子，其原子核裏面的質子數和中子數決定了不同物質的質量。

爲什麼質量會激發引力場，產生萬有引力呢？很遺憾，對於這個問題，不僅愛因斯坦没有找到答案，現在的科學家們同樣没有找到確切的答案。

除了引力場，物理學中還有電場和磁場。

何爲磁場呢？原子裏的質子帶正電，電子帶負電。原子核和電子都在不斷地運動，會在周圍產生磁場。磁鐵之所以有磁性，就是因爲原子内的電子自旋方嚮整齊劃一，纔對外表現爲磁性。一般的物體内，各種不同方嚮的小磁場互相抵消，所以没有磁性。

電荷周圍還會產生電場，電場衹對帶電的物體有作用力。電場裏，物體的質量不重要，物體帶的電荷數纔是最重要的。引力場衹關心物體有無質量，而電場衹關心物體有無電荷。就像牛頓總結出了萬有引力定律及其公式一樣，法國科學家庫侖在18世紀研究了真空中兩個静止點電荷之間的相互作用力後，也總結出了庫侖定律。庫侖定律是電學發展史上的第一個定量規律，它使電學的研究從定性進入定量階段，是電學史上一塊重要的里程碑。電荷的單位庫侖就是以他的姓氏命名的。

在數學表達上，萬有引力定律和庫侖定律非常相似，衹不過把公式裏的物體質量换成了物體携帶的電荷量。引力場中，兩個物質之間萬有引力的大小與兩個物體質量的乘積成正比；電場中，兩個電荷之間的作用力與它們的電荷量乘積成正比。而這兩種作用力都與兩者的距離平方成反比。

爲什麼會這樣呢？目前科學家們也在探尋原因。同學們，也許等你們長大後，就會發現其中的奧秘。

考一考

人類要想擺脱地球萬有引力的束縛，飛向太空，必須達到一定的速度纔可以。你知道三大宇宙速度分別是多少嗎？

45

城市熱島效應

導讀

漫步在歐洲沿海的林地或城市，很容易就能發現蝸牛的踪影。它們有各種各樣的色彩，如珊瑚粉、檸檬黄以及桃花心木等顏色。在20世紀早期和中期，男生們收集蝸牛殼如同收集蝴蝶標本、集郵一樣平常。

隨着時代的發展，城市變得高樓林立，道路也多被混凝土和瀝青覆蓋。儘管蝸牛仍然無處不在，但也發生了改變。在荷蘭，一個公民科學項目的結果表明，淺色蝸牛在城市裏越來越常見，研究人員將其歸咎於城市熱島效應。他們認爲，城市通常比周邊地區更熱。深色蝸牛會比淺色蝸牛吸收更多的熱輻射，它們的身體可能因此變得太熱，這使它們不太適合生存在城市中。

夏天的城市，就像是一座熱島。密集的高層建築群讓空氣流通不暢，柏油路、水泥路比郊區的土壤、植被更容易吸熱，再加上工業生産、居民生活、交通運輸等多種人工熱源，導致同一時間裏城區氣温普遍高於周邊郊區，熱量會向四周大氣輻射散開，形成環流。低温郊區將高温城市包圍起來，如同大海中的一座島嶼，這種現象因此被稱爲城市熱島效應。

城市熱島效應會給人們的生活帶來諸多影響。

首先，會造成惡劣的天氣，使城市内酷熱難耐，并且可能引發霧島、雨島、乾島和渾濁島等多重效應，還會使雷電和暴雨這種極端天氣增多，從而引發次生灾害，影響人們的正常生活。

其次，會危害人體健康，主要表現爲由高温引發的食欲減退、消化不良等消化系統疾病和精神紊亂、憂鬱壓抑等神經系統疾病。氣温過高還極易引起中暑，并使心腦血管和呼吸系統疾病的發病率上升。而且，氣温持續在較高值時，城市生産和生活用電、用水量也會增加，造成電力緊張、供水困難，會直接造成經濟損失。除此之外，高温還會加快城市廢氣中氮氧化物和碳氫化合物的光化學反應，形成光化學烟霧，使地表臭氧濃度增加，破壞大氣環境。

由此可見，城市熱島效應的危害不容小覷。那麼，應該怎樣緩解城市熱島效應呢？緩解城市熱島效應可以從强化城市緑化、增加城市水域面積入手。緑色植被和水域可以改變城市下墊面的熱屬性，減少熱量的聚集。還可以通過治理機動車尾氣、限制工業大氣污染物排放、改善能源結構等方式緩解城市熱島效應。

古人雖然無法準確地定義城市熱島效應，但他們也在生活中觀察到城市往往比農村更熱，陸游就在詩中形象地描述了這種現象。

秋懷（其二）

【宋】陸游

園丁傍架摘黄瓜，村女沿籬采碧花。
城市尚餘三伏熱，秋光先到野人家。

詩人在南宋時期就已經察覺到了城市温度高於鄉村，但是當時這一現象的成因和危害肯定没有現在這麽複雜。

考一考

陸游在《秋懷（其二）》一詩中寫了“城市尚餘三伏熱，秋光先到野人家”，形象地提出了哪個現代熱點問題？

46

大漠孤烟直，風力是幾級？

導讀

風是一種空氣的流動現象。氣象學中常指空氣相對於地面的水平運動，它是一個同時具有大小和方嚮的量，用風嚮和風速來表示。

風速就是風的前進速度。相鄰兩地間的氣壓差愈大，空氣流動越快，風速越大，風的力量自然也就大。風速的單位用每秒多少米或每小時多少千米來表示，但天氣預報中，大都用風力等級來表示風的大小。

唐開元二十五年（737），大唐盛世到達一個巔峰。這一年，河西節度使崔希逸領軍取得了一場對吐蕃的大勝；這一年，詩人王維身負慰問邊關將士的使命，來到了西北邊塞，提筆寫下了一首膾炙人口的《使至塞上》。“大漠孤烟直，長河落日圓。”簡單的十個字描繪出了一幅唯美的畫卷，被王國維稱贊爲“千古壯觀”的名句。

“大漠孤烟直，長河落日圓”中的“孤烟”景觀，是何等的壯美！《唐詩鑒賞辭典》上說：“邊塞荒凉，没有什麼奇觀异景，烽火臺燃起的那一股濃烟就顯得格外醒目，因此稱作‘孤烟’。一個‘孤’字寫出了景物的單調，緊接一個‘直’字，却又表現了它的勁拔、堅毅。”看到這裏，不知你有没有冒出這樣一個疑問，大漠裏的“孤烟”爲什麼會直上雲霄呢？難道當時没有風嗎？幾級的風力纔能形成這樣的景象呢？讓我們來仔細地探究一下。

風力等級是根據風對地面物體的影響程度而確定的。在氣象上，目前一般把風按風力大小劃分爲13個等級，最小是0級，最大爲12級。0級風又叫無風，地面物體静止，烟直上天空。1級風又叫軟風，這時的烟能顯示出風嚮。2級風叫輕風，樹葉微有聲響，人面感覺有風。3級風又叫微風，能吹得旌旗展開。4級風叫和風，樹的小枝摇動，能吹起地面灰塵和紙張。5級風又叫勁風，吹得小樹摇擺。6級風又叫强風，大樹枝摇動，電綫有呼呼聲，打雨傘行走有困難。7級風又叫疾風，可以讓人步行困難。8級風又叫大風，樹的細枝可被吹斷。9級風又叫烈風，能讓房屋受到輕微損壞。10級風又叫狂風，可拔起樹木。11級風又叫暴風，能讓建築物損害嚴重。12級以上的風叫颱風，摧毁力極大，陸地少見。

其實，在自然界，風力有時是會超過12級的。比如强颱風中心附近的風力，或龍捲風的風力，都可能比12級大得多，衹是12級以上的大風比較少見，一般就不具體規定級數了。

在天氣預報中，常聽到如“北風4到5級”之類的用語，此時所指的風力是平均風力；如聽到“陣風7級”之類的用語，其陣風是指風速忽大忽小的風，此時的風力是指風速大時的風力。

現在我們再來看王維的這首《使至塞上》，你一定會有不一樣的感覺。

使至塞上

【唐】王維

單車欲問邊，屬國過居延。

征蓬出漢塞，歸雁入胡天。

大漠孤烟直，長河落日圓。

蕭關逢候騎，都護在燕然。

考一考

如果王維懂得現代氣象知識，那他一定可以知道，想要形成“大漠孤烟直，長河落日圓”這樣的景觀，那當時的風力一定衹能是多少級？

47

對流雨的“魔法”

導讀

《三國演義》中，諸葛亮六出祁山，用計將司馬懿父子及所率魏軍困在上方谷，然後遍山燃起大火，欲將敵方全部燒死。眼看司馬懿等人就要葬身火海，不料一場大雨從天而降，澆滅了山火，司馬懿等人得以死裏逃生。諸葛亮見此情景，不由感嘆：“謀事在人，成事在天。不可强也！”

其實，這場雨并不是什麼“天意”，恰恰是諸葛亮自己製造的。熊熊的大火使該山區的近地面空氣受熱上升，氣壓降低。低氣壓區形成氣旋，其中心因空氣上升冷却凝結而降雨。就是説，上方谷裏下了一場對流雨。

雨是一種自然降水現象，是由大氣循環擾動產生的，是地球水循環不可缺少的一部分。

地球上的水體受到太陽光的照射後，就變成水蒸氣蒸發到空氣中。水汽在高空遇到冷空氣，便凝聚成小水滴。這些小水滴都很小、很輕，被空氣中的上升氣流托在空中，聚成了雲。這些小水滴在雲裏互相碰撞，合并成大水滴，當它大到空氣托不住的時候，就從雲中落了下來，形成了雨。

從天上掉下雨滴，有大有小，有快有慢，有毛毛細雨，有連綿不斷的陰雨，還有傾盆而下的陣雨。

雨通常以四種形式出現，分别是鋒面雨、對流雨、地形雨、颱風雨，這裏重點説的是對流雨。赤道地區全年以對流雨爲主，我們國家的對流雨多見於夏季的午後。

夏季天氣炎熱，日照强，蒸發旺盛，近地面容易産生大量濕熱空氣。濕熱空氣急劇上升，到高空冷却凝結，就會形成降雨，這就是對流雨。對流雨是在大氣不穩定的條件下産生的，多是在夏季酷熱的午後，來臨前常有大風，并伴有閃電和雷聲，有時還下冰雹。

這種雨來得快、走得也快，雖然降水强度大，但是降水時間較短，通常爲幾十分鐘，而且降雨範圍也小，有時隔着一道田坎也會出現晴雨兩重天的景象，甚至還有可能一邊曬着太陽一邊淋着雨。唐代詩人劉禹錫説的“東邊日出西邊雨，道是無晴還有晴”就是這種現象。

竹枝詞（其一）

【唐】劉禹錫

楊柳青青江水平，聞郎江上唱歌聲。
東邊日出西邊雨，道是無晴還有晴。

當然，夏季的對流雨并不都是像劉禹錫描述的那樣美麗，對流天氣帶來的强降水，常常帶來局地灾害。此時正值長江中下游、江淮流域梅雨季節，頻繁地出現暴雨天氣，容易形成洪澇灾害，對人民生命財産造成威脅，所以這個時期的防汛工作是重中之重。

考一考

劉禹錫的詩句“東邊日出西邊雨，道是無晴還有晴”，是對流性降雨的極好寫照，對流雨有哪些特點？鋒面雨、地形雨、颱風雨有哪些特點？

48

清明爲何雨紛紛?

導讀

“清明時節雨紛紛”是唐代詩人杜牧寫下的千古名句，這句詩在大家的心目中早已不是簡單的文學作品，更是成了清明期間深入人心的“天氣標簽”。

但是，每到清明，全國各地的小夥伴們總要在網上發起論戰，論戰焦點就是杜牧的這句詩到底準不準！南方的小夥伴們力挺杜牧，表示清明時節確實多數情況下是“雨紛紛”，甚至有時候還會“雨嘩嘩”；而北方小夥伴卻表示不服，北方地區清明時下雨的概率并不大。

清明是一年中的第五個節氣，時間是公曆4月5日前後。古人認爲，此時氣候温暖、草木萌動、百花盛開，處處給人以清新明朗、欣欣向榮的感覺，所以叫“清明”。

這個時候，我國多地日平均氣温已經超過12℃，大地一片春意盎然，花紅柳緑，鳥語花香，特别適合踏青出游。黄河流域及以南的地區幾乎不再下雪，降雨略有增加，空氣變得潮濕。“清明斷雪，穀雨斷霜”説的正是這一點。

據統計，就全國而言，清明是春季節氣中氣温升幅、日照增幅的“雙料冠軍”，但降水增加并不顯著，“清明時節雨紛紛”更符合江南的氣候特色，北方仍然是乾燥多風。

這是爲什麼呢？

實際上，中國的氣候一直受到兩個氣團勢力的影響，一個是來自西伯利亞的乾冷氣團，一個是來自太平洋的暖濕氣團。由於太陽公轉，照射地球的位置不斷發生變化，這兩個氣團勢力也就此消彼長。

秋天，北半球受到太陽照射的時間漸少，氣溫降低，西伯利亞的乾冷氣團就高歌猛進，占據我國大片地盤，這時太平洋的暖濕氣團就衹能退守到海上。但是到了春天，情況就完全反過來了。清明前，北半球受到太陽照射增加，氣温升高，太平洋的暖濕氣團帶着水蒸氣開始反攻，西伯利亞的乾冷氣團抵擋不住，衹好節節敗退。

清明前後，江南地區就成了交戰的前綫。乾冷氣團死守自己的地盤，暖濕氣團就被迫上升，飛到它們頭上，繼續往西北進攻。但是，越高的地方越寒冷，暖濕氣團進入高處之後，大量水蒸氣就會遇冷凝結成小水滴，形成一條很長很寬的降雨帶，這就是鋒面雨。

兩個氣團勢力没完没了地打，雨就没完没了地下了。這樣的天氣會一直持續到温度完全上升，因此陰雨天氣會維持一段時間。這就讓人有了“清明時節雨紛紛”的感覺。不過，這個“紛紛”二字還有一層意思，就是這時候的雨不同於夏天如傾如注的暴雨，也不同於淅淅瀝瀝的秋雨，而是那種綿綿細雨。

《清明》這首詩被認爲是杜牧政治上受到排擠，被外放以後而作。那幾年，他基本都是在湖北東部、安徽南部、浙江北部一帶度過，也就是江淮南部到江南北部地區。正是這樣的陰雨綿綿，讓人的心情分外沉重，加上清明時思念已故的親人，應時應景，纔讓杜牧寫出了這樣流傳千古的詩句。

清　明

【唐】杜牧

清明時節雨紛紛，路上行人欲斷魂。

藉問酒家何處有，牧童遥指杏花村。

不過，農諺云“清明前後，種瓜點豆”，農民也迎來了播種的大好時節，此時是南方作物生長的旺季，需要大量水分，清明的雨水剛好滿足了這一需要。

考一考

“清明時節雨紛紛，路上行人欲斷魂”，江南春雨始於清明節前後，氣象上的江南春雨通常發生在哪一段時間？

49

要留清白在人間——化學反應的條件

導讀

煅燒石灰的化學原理是將碳酸鈣含量高的礦石在900 ℃~1100 ℃的高温中煅燒，碳酸鈣就會分解成爲氧化鈣和二氧化碳。氧化鈣就是石灰，石灰不僅在土木工程中應用範圍很廣，而且還可用在醫藥方面。

被《明史》稱贊爲“忠心義烈，與日月争光”的于謙雖然不是化學家，但是他的詩《石灰吟》中蘊含了非常多的化學原理。

石灰吟

【明】于謙

千錘萬鑿出深山，烈火焚燒若等閑。
粉骨碎身渾不怕，要留清白在人間。

這首詩體現了碳酸鈣分解生成氧化鈣和二氧化碳的化學反應。化學反應是原子層面的魔法，是不同物質之間交换原子的游戲。交换原子後，原來的物質就不見了，生成了新的物質。但是，原子之間的這種交换組合不是隨意發生的，要滿足一定的前提纔行，這個前提就是化學反應的條件。從上面的詩句我們可以看出，煅燒石灰這個化學反應發生的條件就是需要在“烈火焚燒”的高温環境下。

想深入地理解化學反應的條件，就不得不提到一個概念：化學鍵。化學鍵不是具有物質實體的一種存在，而是相鄰原子之間電荷運動時產生的瞬間作用力的集中體現，看不見、摸不着，但是可以測得到。靠着這種作用力，化學鍵將相鄰的原子緊緊地拉在一起，組成分子。

化學反應的本質就是舊化學鍵的斷裂和新化學鍵的生成。例如，煅燒石灰的過程中，在900 ℃的高温下，鈣離子（Ca^{2+}）和碳酸根離子（CO_3^{2-}）之間的化學鍵發生斷裂，碳酸根離子內部一個氧原子和碳原子的化學鍵也發生斷裂。而後，它們重新組合生成了氧化鈣和二氧化碳。

化學鍵也不是無緣無故變化的，化學鍵的斷裂需要能量，化學鍵的生成會釋放能量。斷開舊化學鍵需要的能量和生成新化學鍵釋放的能量是一樣的嗎？這可不一定。所以，化學反應有放熱和吸熱之説。每種化學鍵都有對應的能量值，我們把拆開舊化學鍵需要的能量值加在一起，然後把需要生成的新化學鍵的能量數值也加在一起，兩邊一比較，做個加減法，得到的數值，叫作這個化學反應的焓（hán）變，每個化學反應的焓變數值都是固定的。通過焓變，我們就知道化學反應是吸熱還是放熱的了！

用焓變能判斷出哪些分子之間可以發生化學反應，哪些不可以發生化學反應嗎？

用焓變能判斷一部分反應是否可進行。比如，如果舊化學鍵斷裂不需要很多能量，而新化學鍵生成會釋放出很多能量，那麼化學反應就會自發地進行。但是，僅靠焓變尚不足以判斷全部的化學反應能否發生，需要引入一個新名詞——熵（shāng）。熵描述的是物體內部的混亂度。物體之間越混亂，它的熵越大；物體排列越整齊，熵越小。

試想一下，把一盒玩具隨意地倒在床上和把散落的玩具收拾在一起，哪個更費事？當然是收拾玩具。我們不僅要花力氣放回，還要思考每個玩具原來的位置，讓它們各就各位。所以，你們看，熵增的時候，不需要額外耗費能量。而減少熵，則要付出代價。這個代價是能量、信息，還有時間。

這和化學反應有什麼關係？化學反應後，如果熵值增加，那麼化學反應發生的可能性就增大了。增加混亂度是有可能促進化學反應發生的！

在沒有外界干預的情況下，自然界是熵增加。可是，同學們看看我們的世界，是不是還是很整齊？有整齊的街道、樓房，電力和供水都是正常的，我們每個人也都是正常地生活。

這并不是我們人類成功地對抗了自然法則，我們祇是通過輸入能量，比如電力、信息、書籍，實現了我們人類生活的熵減，從而保證了人類社會的有序化。

考一考

詩句“千錘萬鑿出深山，烈火焚燒若等閑”體現了石灰的生產過程。石灰有生石灰和熟石灰之分，你知道生石灰、熟石灰分別是什麼物質嗎？

50

聽音識人

導讀

生物識别技術，是將光學、聲學、生物傳感器和生物統計學原理等高科技手段與計算機密切結合，利用人體固有的生理特性（如指紋、人臉、虹膜等）和行爲特徵（如聲音、步態等），來進行個人身份鑒定的技術。典型的生物識别技術有指紋識别、人臉識别、聲音識别等。

指紋識别、人臉識别我們都很熟悉，現在已經廣泛地應用在人們的日常生活中。聲音識别是怎麼回事呢？一個人發出的聲音可高可低，具有很大的變化性，用聲音來進行識别，靠譜嗎？

每個人發聲時，喉部、咽部以及聲帶等部位的肌肉群的調動方式，都有着自己的特色，發出的聲音也具有特定性。從理論上説，每個人發出的聲音都是獨一無二的，可以像指紋一樣，用於鑒定身份。

有人會説，把聲音當指紋一樣鑒定身份，這不一定行吧！有的人模仿别人説話，惟妙惟肖，大家都分辨不出來。

我們耳朵聽不出來差别，但是儀器能分辨出來。用特定的電聲學儀器將聲波裏的頻率、振幅、波長、相位等轉化爲電信號，形成被稱爲聲紋的聲波頻譜在計算機上進行分析，那些惟妙惟肖的模仿聲音就現出了“原形”。

爲什麽每個人的聲紋不一樣？就像人的相貌，雖然每個人發聲部位的解剖結構都由舌、牙齒、喉頭、肺、鼻腔、聲帶等組成，但在形狀、大小上總會有或多或少的差别。這些大大小小的差异組合起來，就使得任何兩個人的聲紋圖譜都有差异。

聲紋不僅具有特定性，而且有相對穩定性的特點。成年以後，人的聲音可保持長期相對穩定。因爲不同的發音方式，對喉部、咽部以及聲帶等部位的肌肉群的調動方式不一樣。當這些部位的肌肉習慣了某些運動方式後，很難加以改變。所以，各地方的人説普通話時，也都帶着各自的方言特色。

唐代著名詩人賀知章的詩句中就體現了這一點：

回鄉偶書（其一）

【唐】賀知章

少小離家老大回，鄉音無改鬢毛衰。
兒童相見不相識，笑問客從何處來。

“鄉音無改”，已經八十多歲的賀知章，雖然離開家鄉多年，但他的家鄉口音一直都没有改變。

利用聲音的這種特徵，也許未來有一天，當你取款、開門時，電腦不僅識别你的臉龐、指紋，還要識别你的聲紋。

考一考

除了指紋識别、人臉識别、聲音識别外，你還瞭解哪些生物識别技術？

附録一

首届“詩詞裏的科學”青少年詩詞創作賽優秀作品選摘

福滿中華

作者：吴浩杭

日新月异我中華，民心所向復興花。
迅龍飛馳五千裏，春城申城半日達。
輕觸小屏百肴至，慢點鼠標萬事查。
放飛鐵燕觀美景，緑水青山伴彩霞。

學校：南京師範大學附屬中學樹人學校　指導老師：賈駿

沁園春・看今朝

作者：紀欣悦

心連寰宇，歲月峥嶸，華夏泱泱。看玉兔升空，追雲趕月；蛟龍下海，推波逐浪。鷹擊長空，鯨哺汪洋，策馬揚鞭騁洪荒。掣朝陽，問浩渺廣宇，誰爲後浪？

携來山河鶩遠，萬國博覽風華無雙。恰海清河晏，科技騰飛；舒天昭暉，盡展風光。高鐵飛馳，5G登場，共築未來之棟梁。可期盼，擎青雲之志，再展輝煌。

學校：無錫市輔仁高級中學　指導老師：祝燕娜

科學在身邊

作者：周文睿

學問何止千般巧，科學不過咫尺遥。
光綫偏折彩虹現，明鏡澄澈近視矯。
杠杆滑輪千斤舉，閥門扭轉勞苦消。
生活無處無科學，須待躬身察此道。

學校：無錫市輔仁高級中學　指導老師：楚淼

念奴嬌·懷鄧稼先

作者：黄珂俊

魂飛緒遠，見長空風起，烟雲來去。憶戰火紛飛時候，驟雨鱗傷悲苦。半百年前，東方巨響，嘯虎吟龍舞。功成兩彈，可憐白髮幾度。

大漠萬里平沙，孤蓬飛盡，隱姓埋名處。了却平生天下事，不計後榮前譽。熱血殷紅，黄塵碎首，毋改家國慮。朔風依舊，醉醪思去千縷。

學校：常州市第二十四中學　指導老師：李陳樂

沁園春·頌今

作者：莊智聰

泱泱中華，濟濟多士，欣欣向榮。看當今科技，高升飛躍，節節勝利，萬象恢弘。潛艇如蛟，飛船銜月，一派繁華宛若龍。感懷罷，念往昔歲月，曾是危重。

憶及受辱寒冬，如今已、立兮如勁松。啓七十國運，正當興盛，毋應忘却，進取匆匆。前輩辛勤，少年奮起，安世亦得聞警鐘。史爲鑒，不辭擔上責，助力興隆！

學校：徐州市第一中學　指導老師：王璟璟

茶科學

作者：施清元

一甌佳茗何由發，紅爐烹茶起烟霞。
陳普慢淪荒歲月，科探提香芬芳佳。

學校：徐州市第一中學　指導老師：馬婧瑜

生活之科學

作者：賈茹

素日佳肴間，温高傳香遠。
摩擦裳起電，細辨正負面。
沸水滚時鳴，源自蒸汽音。
品嘗生活味，思考科學心。
問君何能爾？需有觀察眼。

學校：南京市旭東中學　指導老師：葛德榮

雲

作者：丁慶怡

晨曦入小窗，夢醒見雲流。
疑似水在天，身在水底游。

學校：無錫市輔仁高級中學

北　斗

作者：張茗清

茫茫九天外，七星映蒼穹。
問君今何往，北斗定行踪。
坐地數百里，人間盡眼中。
晨起巡天去，東方萬霞紅。

學校：常州市第二十四中學　指導老師：孫鑫

重　力

作者：馮文浩

流水濺山嵐，碎石沉塘底。
落葉枯樹根，隻鷹墜天麟。

學校：常熟市昆承中學　指導老師：吴菊雲

附録二

"科學小達人"挑戰區

第一關

1. 蘇軾在《石炭》中寫道："投泥潑水愈光明，爍玉流金見精悍。"詩中描寫了用煤做燃料冶金的情形，冶金過程中會向燃燒着的煤炭中噴點水，這麼做的主要目的是什麼?

A. 控制溫度，防止溫度過高，加水降溫

B. 使燃燒更旺

C. 古代的工藝不合理，這種做法沒有必要

2. 被稱爲明代文壇"後七子"之一的王世貞曾在詩中描寫了霧凇形成的景象："濃霜中夜零，千林成霧凇。"霧凇的形成是一種凝華現象，凝華是指物質發生了什麼樣的物態變化?

A. 由液態變氣態

B. 由氣態變固態

C. 由液態變固態

3.《詩經·小雅·大東》："東有啓明，西有長庚。"下列哪一顆星，早晨出現在東方時被稱爲"啓明星"，傍晚出現在西方時則被稱爲"長庚星"?

A. 北極星

B. 金星

C. 火星

4. 韓嬰的《韓詩外傳》中寫道："螳螂方欲食蟬，而不知黃雀在後，舉其頸欲啄而食之也。"在生態系統中，各種生物之間由於食物關係所形成的聯係叫作食物鏈。下列哪項食物鏈是正確的？

A. 植物→鼠→狐

B. 鼠→蛇→鷹

C. 兔→植物→鷹

5. 于謙在《石灰吟》中描述了石灰的生產過程："千錘萬鑿出深山，烈火焚燒若等閑。"石灰有生石灰和熟石灰之分，下列關於石灰的説法哪一項是正確的？

A. 生石灰性質穩定，不能與水反應

B. 熟石灰易溶於水

C. 石灰石高温煅燒後生成生石灰

6. 唐詩《望天門山》中寫道："兩岸青山相對出，孤帆一片日邊來。"從物理學的角度看，"兩岸青山相對出"所選的參照物是下列哪一項？

A. 船

B. 太陽

C. 岸邊的花草

7. 辛棄疾的詞《西江月 · 夜行黃沙道中》中寫道："稻花香裏説豐年，聽取蛙聲一片。"在繁殖季節，青蛙高聲鳴叫，其生物學意義是什麼？

A. 恐嚇嚇退天敵

B. 雄蛙鳴叫，吸引雌蛙前來抱對

C. 招引捕食昆蟲

8. 孟浩然在《宿建德江》中寫道："野曠天低樹，江清月近人。"江水清澈，人在船上，月映水中，似乎月離人很近。江水中出現了月亮的倒影，這屬於哪一種光學現象？

A. 光的反射

B. 光的折射

C. 光的色散

9. 唐代詩人張若虛在《春江花月夜》中寫道："斜月沉沉藏海霧，碣石瀟湘無限路。"詩中提到了海霧，霧的形成屬於下列哪種物理現象？

A. 汽化

B. 液化

C. 凝華

10. 盧綸在《塞下曲（其四）》中寫道："醉和金甲舞，雷鼓動山川。"酒酣歡暢，戰士們穿着金甲起舞，歡騰的擂鼓聲使山川震動。擂鼓聲居然可以震動山川，這與下列哪種物理原理有關？

A. 共振

B. 作用力與反作用力

C. 杠杆原理

第一關答案

第 1 題正確選項：B

解析：向燃燒着的煤炭中噴點水，其實是讓炭和水在高温條件下發生化學反應，生成一氧化碳和氫氣（俗稱水煤氣），一氧化碳和氫氣都是可燃燒氣體，所以可以使燃燒更旺。

第 2 題正確選項：B

解析：凝華是物質跳過液態直接從氣態變爲固態的現象。

第 3 題正確選項：B

解析：在我國古代，金星早晨出現在東方時稱爲"啓明星"，傍晚出現在西方時則稱爲"長庚星"。金星特別明亮，在夜空中的亮度僅次於月球，非常引人注目，"太白""啓明""長庚"都是古人對它的稱謂。

第 4 題正確選項：A

解析：生態系統中的生物種類繁多，根據它們在生態系統中所起的作用，可以分爲生產者、消費者和分解者三類。食物鏈是生物之間由於捕食關係而形成的結構，一般由生產者和消費者組成，且食物鏈第一環節是生產者。B 選項缺乏生產者，C 選項順序不對。

第 5 題正確選項：C

解析：生石灰（氧化鈣）遇水反應生成氫氧化鈣（熟石灰）；熟石灰微溶於水，其澄清的水溶液俗稱澄清石灰水。高温煅燒石灰石（碳酸鈣）可生成生石灰。

第 6 題正確選項：A

解析："兩岸青山相對出"參照物選擇的是行駛的船，青山和船之間的相對位置發生了改變，所以從船上看，青山是運動的。

第 7 題正確選項：B

解析：雄蛙有鳴囊，能够鳴叫，吸引雌蛙。蛙類的生殖特點是雌雄异體、水中受精，屬於卵生，繁殖的時間在每年四月中下旬。在生殖過程中，雄蛙鳴叫，吸引雌蛙，進行抱對。

第 8 題正確選項：A

解析：水中倒影是平面鏡成像，平静的水面相當於平面鏡，其原理是光的反射現象。

第 9 題正確選項：B

解析：霧是空氣中的水蒸氣遇冷凝結而成的小水滴，屬於液化現象。

第 10 題正確選項：A

解析：與共振原理有關。戰士擊鼓，鼓皮振動，使鼓發聲。鼓聲在空氣中傳播，産生共鳴，仿佛連山川都振動了。

第二關

11. “東邊日出西邊雨，道是無晴還有晴”的降雨類型是哪種？

A. 對流雨　　B. 地形雨　　C. 颱風雨

12. 古詩詞是中國優秀的傳統文化，不少詩詞中蘊含有化學知識。下列對於詩詞的分析，哪一項是不正確的？

A. 劉禹錫詩句“千淘萬漉雖辛苦，吹盡狂沙始到金”，體現了金性質穩定，可通過物理方法得到

B. 曹植詩句“煮豆燃豆萁，豆在釜中泣”，這裏的能量變化主要是化學能轉化爲熱能

C. 王安石詩句“爆竹聲中一歲除，春風送暖入屠蘇”，爆竹的燃放屬於物理變化

13.“朔氣傳金柝，寒光照鐵衣。”鐵金屬被古人廣泛應用於生產生活中。下列關於鐵的説法，哪一項是正確的？

A. 鐵是地殼里含量最多的金屬元素

B. 廢棄鐵制品回收成本太高，屬於不可回收垃圾

C. 青銅器的歷史比鐵器早

14. 唐代詩人韋應物曾在詩中寫道：“水性自雲静，石中本無聲。如何兩相激，雷轉空山驚。”詩中揭示了下列哪種物理學原理？

A. 聲音的傳播需要介質

B. 聲音是由物體振動產生的

C. 聲音在不同介質中傳播速度一般是固體大於液體

15. 白居易在《長恨歌》中寫道：“遂令天下父母心，不重生男重生女。”生育子女時，誰的染色體决定了孩子的性别？

A. 父母雙方

B. 父親

C. 母親

16. 顔真卿有一首著名的《勸學詩》：“三更燈火五更鷄，正是男兒讀書時。黑髮不知勤學早，白首方悔讀書遲。”詩中提到的三更是古代的時間名詞，三更約相當於現在的幾點？

A. 午夜 11 點到 1 點

B. 午夜 3 點到 5 點

C. 凌晨 5 點到 8 點

17. “黄栗留鳴桑葚美，紫櫻桃熟麥風凉。”宋代文人歐陽修筆下酸甜可口的“民間聖果”桑葚，在食用時手指會被染成紫色，這些紫色的汁液來自果實細胞的什麽部位？

A. 液泡

B. 細胞壁

C. 葉緑體

18. 南宋詞人辛棄疾《木蘭花慢・可憐今夕月》一詞中寫道：“飛鏡無根誰繫？姮娥不嫁誰留？”（是誰用繩索繫住明月在天上高懸？是誰留住了嫦娥不讓她嫁到人間？）請問“飛鏡無根誰繫”體現出了哪個科學原理？

A. 能量守恒定律

B. 萬有引力定律

C. 開普勒定律

19. “有意栽花花不發，無心插柳柳成蔭”出自古訓《增廣賢文》，這句話體現出了柳樹怎樣的繁殖方式？

A. 有性生殖、嫁接

B. 無性生殖、扦插

C. 無性生殖、嫁接

20. “天下有蚊子，候夜噆（zǎn）人膚。”“利嘴入人肉，微形紅且濡。”蚊子是許多疾病的傳播者，對人類的健康有着不小的危害性。下列哪一種疾病不是蚊子傳播的？

A. 腎綜合徵出血熱

B. 登革熱

C. 瘧疾

第二關答案

第 11 題正確選項：A

解析：詩句的描述體現了這場降雨具有範圍小、歷時短、分布不均勻、隨時間變化迅速等特點，符合對流雨的特徵。

第 12 題正確選項：C

解析：爆竹中一般含有硝酸鉀、硫黃、炭粉。這些成分在燃放的過程中發生化學變化，產生氮氣、二氧化碳等新物質。

第 13 題正確選項：C

解析：地殼中含量最多的金屬元素爲鋁元素；廢棄鐵制品屬於可回收利用的資源。

第 14 題正確選項：B

解析：詩中提到水、石單獨存在時安靜無聲，但當相互碰撞振動時則發出驚人的響聲，揭示了聲音是由物體振動產生的這一物理原理。

第 15 題正確選項：B

解析：孩子的性別是由父親的染色體決定的。女性的性染色體組成爲 XX，男性的性染色體組成爲 XY。生殖細胞由於減數分裂的緣故，衹有 23 條染色體，因此，女性衹能產生一種具有性染色體 X 的卵子，男性卻能產生兩種精子，一種具有性染色體 X 的精子，另一種具有性染色體 Y 的精子。當卵子和精子結合以後，如果卵子和含有性染色體 X 的精子結合，受精卵就是 XX 型，發育成女胎；如果卵子和含有性染色體 Y 的精子結合，受精卵就是 XY 型，發育成男胎。

第 16 題正確選項：A

解析：三更又名子時，是古代時間名詞。古代一晝夜分十二時辰或一百刻，其中完全屬於夜晚的有四十刻，每十刻一段，連同首尾共五個節點，稱爲五更。三更就是半夜，而三更天則是三更附近，也就是在當天的23點至第二天1點。

第17題正確選項：A

解析：紫色汁液主要來自桑葚細胞的液泡。B選項的細胞壁是起到保護和支持作用。C選項的葉緑體是光合作用的場所。

第18題正確選項：B

解析：月球之所以圍繞地球旋轉，正是地球的萬有引力在牽引着。

第19題正確選項：B

解析：扦插一般是指把植物的莖切斷，經過處理後插入土壤，然後每一段枝條都可以生根發芽，長出一個新的植株。“插柳柳成蔭”說明采用了扦插的方式，扦插過程中沒有精子卵細胞結合過程，屬於無性繁殖。

第20題正確選項：A

解析：蚊子不僅吸血騷擾人類，而且還傳播如登革熱、瘧疾、流行性乙型腦炎、黄熱病等多種疾病。A選項的腎綜合徵出血熱爲鼠源性傳播疾病，并非由蚊子傳播。

第三關

21. “問世間、情是何物？直教生死相許”出自文學家元好問的詞，該詞是元好問看到下列哪一種動物有感而作的？

A. 天鵝

B. 大雁

C. 鴛鴦

22. 下列哪一詩句體現出了河流沉積地貌？

A. 君不見黃河之水天上來，奔流到海不復回

B. 三山半落青天外，二水中分白鷺洲

C. 孤帆遠影碧空盡，唯見長江天際流

23. “莫問桑田事，但看桑落洲。數家新住處，昔日大江流。”桑落洲的形成主要與下列哪種因素有關？

A. 地殼抬升作用

B. 流水侵蝕作用

C. 流水堆積作用

24. 劉禹錫在《賞牡丹》中寫道：“唯有牡丹真國色，花開時節動京城。”在唐朝，種植觀賞牡丹之風盛極一時。有一種“什樣錦”牡丹，在一個植株上可以開出六個品種、三種花色。培養這種牡丹采用以下哪種繁殖方式比較適合？

A. 種子繁殖

B. 嫁接

C. 克隆技術

25. 明代馮夢龍的《醒世恒言》中寫道：“臨崖立馬收繮晚，船到江心補漏遲。”從物理學的角度看，詩句涉及了慣性方面的知識，下列哪個因素可以影響物體慣性的大小?

A. 速度

B. 加速度

C. 物體質量

26. “赤橙黃綠青藍紫，誰持彩練當空舞?”雨後的空氣中懸浮着許多細小的水滴，以一定角度射入的陽光會被這些水滴折射、反射，從而產生彩虹。通常彩虹的最外圈是什麼顏色?

A. 紅色

B. 紫色

C. 不同的季節彩虹外圈的顏色不一樣

27. “門前石岸立精鐵，潮汐洗盡莓苔昏。”潮汐是在月球和太陽引力作用下海水的周期性漲落現象。潮汐對地球的自轉能產生影響，它會使地球自轉發生怎樣的變化?

A. 加速

B. 減速

C. 先加速後減速

28. “滿眼風光多閃爍，看山恰似走來迎。子細看山山不動，是船行。”從相對運動的角度看，詩詞中前後兩次對山運動的描述，所選擇的參照物分別是什麼？

A. 詩人自己、船

B. 船、地面

C. 岸上的樹木、船

29. “纔從塞北踏冰雪，又向江南看杏花。”詩中描述的景象差异，主要是由於下列哪個因素的影響？

A. 海陸位置

B. 緯度位置

C. 地形因素

30. 《蒹葭》是《詩經》中的一首愛情詩：“蒹葭蒼蒼，白露爲霜。所謂伊人，在水一方。”從物理學的角度看，露和霜的形成分別屬於下列哪種現象？

A. 液化、凝固

B. 凝固、升華

C. 液化、凝華

第三關答案

第 21 題正確選項：B

解析：元好問的這首詞名爲《摸魚兒・雁丘詞》，是作者聽聞大雁生死相隨的愛情故事後創作的："乙丑歲赴試并州，道逢捕雁者云：'今旦獲一雁，殺之矣。其脱網者悲鳴不能去，竟自投於地而死。'予因買得之，葬之汾水之上，壘石爲識，號曰'雁丘'。同行者多爲賦詩，予亦有《雁丘詞》。"

第 22 題正確選項：B

解析："三山半落青天外，二水中分白鷺洲。"三峰并列，矗立在縹緲的雲霧之中，若隱若現，好似落在了青天之外；秦淮河西入長江，被白鷺洲横截，江水一分爲二，形成兩條河流。該詩句體現了河流沉積地貌。

第 23 題正確選項：C

解析：桑落洲即江心洲，它是含有較多泥沙的河流在河道變寬時，水流速度减緩，河流携帶的泥沙沉積而成，所以主要與流水堆積作用有關。

第 24 題正確選項：B

解析：嫁接是指把一個植物體的芽或枝接在另一個植物體上，使結合在一起的兩部分長成一個完整的植物體，這樣能保持嫁接上去的接穗優良性狀的穩定。要想一株牡丹植株上開出六個品種、三種花色的"什樣錦"牡丹，可以使用幾種不同品種的牡丹的枝或芽做接穗，嫁接到一株單色的野生牡丹上。

第 25 題正確選項：C

解析：慣性是具有保持静止狀態或匀速直綫運動狀態的性質，即保持運動狀態不變的性質。一切物體都具有慣性。慣性大小與物體質量大小有關，與物體的運動狀態無關。

第 26 題正確選項：A

解析：不同波長的光綫折射率不同，紅光偏折最小，而紫光最大，陽光因此會被分解成不同顔色的光，使得我們看到紅色在外圈、藍紫色在內圈的美麗彩虹。

第 27 題正確選項：B

解析：由於各層海水做相對運動時會發生黏滯力以及海水與陸地和海床的摩擦，潮汐對地球自轉有一種制動作用，使地球自轉逐漸變慢。平均每一個世紀，地球自轉一圈時間增加約 0.0018 秒。粗略計算，4 億年前，地球自轉一周衹要 22 小時。

第 28 題正確選項：B

解析：第一次“看山恰似走來迎”是以船爲參照物，船和山的相對位置發生了變化，山是運動的。第二次“子細看山山不動”是以地面爲參照物，山和地面的相對位置没有發生變化，山是静止的。

第 29 題正確選項：B

解析：緯度位置是形成我國南北温差懸殊的一個重要原因。冬季，太陽光直射在南半球，對北半球來説，緯度越高，正午太陽高度越低，白晝越短，得到的太陽光熱也就越少，因而氣温越低；反之，緯度越低，氣温則越高。我國位於北半球，而且幅員遼闊，南北所跨近 50 個緯度，氣温相差很大，因此出現了“纔從塞北踏冰雪，又向江南看杏花”的差异。

第 30 題正確選項：C

解析：露的形成屬於液化現象；霜是空氣中的水蒸氣遇冷凝結而成的小冰晶，屬於凝華現象。

第四關

31.“東風夜放花千樹。更吹落，星如雨”描繪了烟花綻放的美麗景象，烟花之所以五顏六色，是利用了下列哪個原理？

A. 焰色反應原理

B. 能量守恒原理

C. 氣體發光原理

32.“時人不識凌雲木，直待凌雲始道高”中的“凌雲木”指的是哪種植物？

A. 松樹

B. 柳樹

C. 杉樹

33. 丘處機，道號長春子，道教全真道掌教、思想家、文學家，他有一首《咏天池》：“三峰并起插雲寒，四壁橫陳繞澗盤。雪嶺界天人不到，冰池耀日俗難觀。”詩中描寫的長白山天池是由哪種地質作用形成的？

A. 河流

B. 冰川

C. 火山噴發

34. 杜甫在《小至》這首詩中寫道：“天時人事日相催，冬至陽生春又來。”下列關於冬至的說法，哪一項是正確的？

A. 冬至日是北半球各地白晝時間最長的一天

B. 冬至日是北半球各地白晝時間最短、黑夜最長的一天

C. 冬至不屬於二十四節氣

35. 於謙在《咏煤炭》中寫道：“鑿開混沌得烏金，藏蓄陽和意最深。”煤炭在燃燒過程中，主要涉及怎樣的能量轉化過程？

A. 化學能轉化爲内能

B. 内能轉化爲化學能

C. 内能轉化爲動能

36. 宋代詩人梅堯臣在《月蝕》詩中描寫了月食的景象：“天如青玻璃，月若黑水精。時當十分圓，衹見一寸明。”下列關於月食的説法，哪一項是正確的？

A. 月食每個月都會發生

B. 月全食時，月亮一般呈現爲暗紅色

C. 月全食時，月亮一般呈現爲暗藍色

37.《格物粗談》中記載：“紅柿摘下未熟，每籃用木瓜三枚放入，得氣即發，并無澀味。”其中的“氣”指的是什麼？

A. 二氧化碳

B. 氧氣

C. 乙烯

38. 唐代王維《觀獵》中，有詩句：“草枯鷹眼疾，雪盡馬蹄輕。”鷹的視力非常好，它能看到哪種人類看不到的光綫？

A. 紅外光

B. 近紅外光

C. 紫外光

39.“折戟沉沙鐵未銷，自將磨洗認前朝”，詩人杜牧磨洗掉物質的主要成分是什麼？

A. 氧化銅

B. 氧化鋁

C. 氧化鐵

40.“耄耋”出自曹操《對酒歌》：“耄耋皆得以壽終，恩澤廣及草木昆蟲。”耄耋之年指的是多少歲？

A. 50 ~ 60 歲

B. 60 ~ 70 歲

C. 80 ~ 90 歲

第四關答案

第 31 題正確選項：A

解析：焰色反應是指一些金屬或它們的化合物在灼燒時能使火焰呈現特殊的顔色。這是因爲這些金屬元素的原子在接受火焰提供的能量時，從能量較低的軌道躍遷至能量較高的軌道。但處於能量較高軌道上的電子不穩定，會迅速躍遷回能量較低的軌道，這時就將多餘的能量以光的形式釋放出來。由於不同元素原子的結構不同，電子躍遷時能量的變化也不相同，因而會發出不同波長的光。如果放出的光的波長在可見光範圍内，就會在火焰中觀察到這種元素的特徵顔色。

第 32 題正確選項：A

解析：這句詩出自唐代杜荀鶴的《小松》。松樹是著名的長壽樹，大多數松樹樹體高大、樹姿雄偉，具有重要的觀賞價值和經濟價值。

第 33 題正確選項：C

解析：長白山天池是一個火山口，天池的形成是由於火山噴發所致。

第 34 題正確選項：B

解析：冬至是二十四節氣之一，冬至時太陽直射南回歸綫，北半球各地白晝時間最短、黑夜最長。

第 35 題正確選項：A

解析：煤炭作爲化石燃料，含有化學能，燃燒過程主要是化學能轉化爲内能。

第 36 題正確選項：B

解析：月全食發生時地球擋在太陽和月亮的中間，整個月亮全部走進地球的影子裏。此時月亮一般不是完全黑暗的，而是顯現爲暗紅色。這是因爲地球具有大氣層，部分陽光從地球側面的大氣中穿行時，發生多次折射，最後照到月亮上。陽光中黃、綠、藍、靛、紫等色的光波波長較短，在大氣中受到的散射影響比較大，大部分都向四面八方散射掉了；而紅色光波長比較長，受到散射的影響不大，所以照到月面後就呈現爲暗紅色。

第 37 題正確選項：C

解析：乙烯具有催熟果實的作用。

第 38 題正確選項：C

解析：鳥類可以看見紫外光。

第 39 題正確選項：C

解析：詩人磨洗掉的是鐵銹，鐵銹的主要成分是氧化鐵。

第 40 題正確選項：C

解析：耄耋指的是 80 ~ 90 歲。

第五關

41. 唐代白居易在《蚊蟆》中寫道："咂膚拂不去，繞耳薨（hōng）薨聲。" 蚊子的"薨薨"聲是從哪裏發出來的?

A. 肺

B. 鳴管

C. 翅膀振動

42. 東晋詩人陶淵明在詩中這樣描寫雪景："凄凄歲暮風，翳（yì）翳經日雪。傾耳無希聲，在目皓已潔。"下雪是一種常見的自然現象，下列關於雪的説法，哪一項是錯誤的?

A. 積雪能吸收聲波，從而減少噪音產生的環境污染

B. 尚未開始融化的積雪對被覆蓋物具有一定的保溫作用

C. 雪能够吸收所有的光綫，所以看上去是白色的

43. 宋代愛國詩人辛棄疾在《蔞蒿宜作河豚羹》中寫道："河豚挾鴆毒，殺人一臠（luǎn）足。"下列關於河豚毒素的説法，哪一項是不正確的?

A. 河豚毒素化學性質和熱性質均很穩定

B. 河豚在水中煮沸後毒性自然消失

C. 是自然界中所發現的毒性最大的神經毒素之一

44. 《本草綱目》中記載："燒酒非古法也，自元時始創其法。用濃酒和糟入甑，蒸令氣上，用器承取滴露。"其中涉及的化學操作方法是什麽?

A. 萃取

B. 蒸餾

C. 蒸發

45. 杜牧《秋夕》："銀燭秋光冷畫屏，輕羅小扇撲流螢。"螢火蟲發光是體内熒光素和什麽發生反應？

A. 二氧化碳

B. 氮氣

C. 氧氣

46. 東晋葛洪寫道："青蒿一握，以水二升漬，絞取汁，盡服之。"青蒿素是從古代典籍裏挖掘出的治療瘧疾的良藥。我國的哪位科學家因爲發現了青蒿素而獲得了諾貝爾獎？

A. 莫言

B. 屠呦呦

C. 王貽芳

47. 唐代詩人皮日休在《汴河懷古》中寫道："盡道隋亡爲此河，至今千里賴通波。若無水殿龍舟事，共禹論功不較多。"詩人感嘆如果不是隋煬帝貪圖享樂，建造大運河的功績與大禹相比也不遑多讓。京杭大運河是世界上里程最長、工程最大的古代運河，南起餘杭（今杭州），北到涿郡（今北京），貫通了多少水系？

A. 三大水系

B. 四大水系

C. 五大水系

48. 唐代著名文學家韓愈曾以"江作青羅帶，山如碧玉篸"來形容桂林獨特的景色。從地理學的角度看，"山如碧玉篸"體現了下列哪種地貌？

A. 丹霞

B. 喀斯特

C. 雅丹

49. 《金縷衣》是唐朝的一首七言樂府：“勸君莫惜金縷衣，勸君須惜少年時。”它涵義深永、富有哲理，讓人們不要重視榮華富貴，而要愛惜少年時光。詩中提到的金縷衣是指綴有金綫的衣服。金不僅可以做成金綫，還可以被壓薄成不同厚度的金箔，這些應用體現了金具有良好的什麼特性？

A. 導電性

B. 硬度

C. 延展性

50. “青天有月來幾時，我今停杯一問之。”人類對月球充滿了好奇和嚮往，一直在不斷地進行探索和研究。在探月過程中人們發現，月球表面風化作用很强，這主要是什麼原因造成的？

A. 月球表面風力作用强

B. 太陽光照强

C. 月球表面晝夜温差大

第五關答案

第 41 題正確選項：C

解析：蚊子没有肺和鳴管。在飛行尋找目標時，蚊子的翅翼振動頻率很快，每秒可達到幾百次，能推動空氣來回很快地運動，產生細微的聲音。

第 42 題正確選項：C

解析：雪能反射各種顏色的光，所以看上去是白色的，并非“吸收光”。

第 43 題正確選項：B

解析：河豚毒素對熱穩定，在 220 ℃加熱 20 ～ 60 分鐘纔可使毒素全部被破壞。

第 44 題正確選項：B

解析：《本草綱目》的這段記述體現了酒的蒸餾操作。蒸餾是利用物質的沸點不同進行物質分離的方法，是通過加熱使沸點低的物質形成蒸汽的過程。

第 45 題正確選項：C

解析：螢火蟲有專門的發光細胞，在發光細胞中有兩類化學物質，一類被稱作熒光素，另一類被稱爲熒光素酶。熒光素能在熒光素酶的催化下與氧氣發生反應，釋放出光子。

第 46 題正確選項：B

解析：2015 年，中國女科學家屠呦呦和愛爾蘭、日本的兩位科學家分享 2015 年諾貝爾生理學或醫學獎，以表彰他們在寄生蟲疾病治療研究方面取得的成就。屠呦呦的特殊貢獻是發現了青蒿素——一種治療瘧疾的藥物，在全球特別是發展中國家挽救了數百萬人的生命。

第 47 題正確選項：C

解析：大運河貫通了錢塘江、長江、淮河、黄河、海河五大水系。

第 48 題正確選項：B

解析："山如碧玉篸"體現了喀斯特地貌。喀斯特地貌是具有溶蝕力的水對可溶性岩石進行溶蝕作用等所形成的地表和地下形態的總稱，又稱岩溶地貌。

第 49 題正確選項：C

解析：延展性是物質的一種機械性質，表示材料在受力而產生破裂之前，其塑性變形的能力。金具有良好的延展性。

第 50 題正確選項：C

解析：月球表面没有大氣層包圍，晝夜温差大，物理風化强。

編者的話

《詩詞裏的科學》是一套給青少年閱讀的科普圖書，所以我們力求寫得通俗易懂，增强故事性，增加一些延伸性知識，讓讀者特别是青少年能看明白。由於有些古詩詞流傳至今存在着不同版本的表述，例如一些通假字、古今字或是异體字的出現，本書主要藉鑒語文教材及專業工具書，選用認可度高的版本。同時，我們嘗試用現代科學解釋古人詩詞中的科學道理時，是基於現代人思維方式换個角度去品味詩詞，不代表古人觀點。再加上科學是不斷發展的，現在的一些論斷具有不確定性，因而在描述時有些模糊的用詞，甚至將來人們再讀本書時可能還會發現一些不當的描述。這些問題請讀者朋友們諒解！

本書在編寫過程中得到了很多專家的幫助，同時也從一些網絡文章和作品中汲取了豐富的營養，在這裏一并表示感謝。